JN093926

台湾有事の衝撃

そのとき、日本の「戦後」が終わる

潮 匡人
Ushio Masato

善が怠れば、悪が栄える（エドマンド・バーク）

まえがき　台湾海峡、波高し

❖台湾総統選の行方

来たる二〇二四年一月十三日、蔡英文総統の任期満了に伴う台湾総統選が投開票日を迎える。同時に、日本の国会議員に相当する立法委員（定数１１３）選も実施される。主な争点は対中政策だ。選挙の行方は、緊張が高まる台湾情勢に大きな影響を及ぼす。

任期４年の総統は憲法上３選を認められておらず、現在2期目の蔡氏は出馬できない。与党・民進党は、中国が「台湾独立派」として強く警戒する党主席（党首）の頼清徳（らいせいとく）・副総統を擁立している。

二〇二三年十月時点の世論調査では、頼清徳・副総統が支持率トップを維持している。

かりに「下馬評どおり民進党の頼清徳候補が当選し、民進党政権が継続するとなると、民進党政権は連続12年、つまり子供が義務教育、高校を終えるまでの長さの政権を維持することになる。（中略）民進党政権下で教育を受けた子供たちは、台湾は一つの民主主義国であることに疑いの余地をもっていない」（福島香織『なぜ中国は台湾を併合できないのか』ＰＨＰ研究所）。

中国の習近平政権にとっては、なんとしても避けたい事態であろう。

そうした焦りからなのか、去る9月18日午前7時（日本時間）までの24時間に、過去最多となる１０３機（延べ数）もの中国軍機が、台湾周辺空域で「破壊的な」飛行を繰り広げた（台湾国防部）。

しかも、このうち40機（同前）が台湾海峡の「中間線」を越えたというから驚く。

それだけではない。中国軍戦闘機「殲16」や、早期警戒管制機「空警５００」が、台湾海峡の「中間線」を越え、反時計回りに、そのままバシー海峡を通過して、台湾南東の太平洋上空まで飛んだ。同様に、空中給油機「運油20」も、台湾本島最南端の恒春半島沖まで飛行したという。

明らかに、台湾への武力攻撃を想定した軍事的威嚇である。台湾総統選を見据えた恫喝と呼んでもよい。

台湾国防部がコメントしたとおり、「中国軍が軍事的な嫌がらせを続けることは、緊張の急激なエスカレートと地域の安全の悪化を容易に招く」。

9月26日には、台湾の邱国正・国防部長（国防相）が、台湾の立法院（国会）で「中国軍の最近の行動は異常だ。われわれは戦いを求めないが、こうした行動が繰り返されるようなら、避ける方法はない」と答弁した。

まさに「異常」な軍事行動である。いや、軍事行動に限らない。

中国政府（自然資源省）が今年公表した「2023年版標準地図」では、南シナ海のほぼ全域をカバーする従来の「九段線」に加えて、台湾の東部海域に拡大した「十段線」を記し、領有権を誇示した。

「識者」の多くは、こうした言動を、単なるブラフ（脅し）とみなして、はばからない。はたして本当にそうなのだろうか。私には、台湾有事の足音が聞こえる。

❖台湾侵攻はブラフではない

最近の中国の言動は、本当に単なるブラフなのだろうか。安易に、そう片付けることはできない。少なくとも私は、昨年2月のウクライナ侵攻を思い出す。

昨年「緊迫ウクライナ情勢 事態打開へ各国は」と題して、2月6日に生放送されたNHK「日曜討論」を代表例に挙げよう。

スタジオ出演したのは外務省ＯＢや大学教授などロシア問題の「専門家の皆さん」。放送日の時点で、ウクライナの隣国ベラルーシには、ロシア軍の大部隊が集結し、「演習」と称して、軍事的な威嚇を続けていた。

それでも、スタジオの「専門家」らは、異口同音にこう語った。「単なる軍事演習であり、ブラフに過ぎない」、「実際に侵攻すれば、国際社会から制裁を受ける。プーチンもそれほどバカではない」等々。

番組の最後に、小泉悠講師（東大）が、「少なくとも軍事的には、侵攻できるだけの戦力が集結している」と指摘した以外、リスクを過小評価する楽観論がスタジオを支配した。その18日後にウクライナへの侵攻が始まった。

呑気なのは、出演者だけではない。NHK自身も、そう楽観視していたのであろう。

事実、その翌週2月13日の番組タイトルは「暮らしは？日本経済は？〝賃上げ〟の実現は」。

同様に、その翌週2月20日も、「コロナ危機〝第6波〟収束へ何が必要か」と題して、「厚生労働大臣と専門家が討論」した。

「山際担当大臣と経済・労働界のトップ、専門家が討論」する内容だった。

右のとおり、NHKはウクライナ侵攻の4日前になっても、眼の前に迫った重大な危機を、見ようともしなかった。

昨年上梓した拙著『ウクライナの教訓　反戦平和主義（パシフィズム）が日本を滅ぼす』（扶桑社発売、育鵬社発行）の帯には、「ロシアの侵攻を予測した軍事専門家が警鐘を鳴らす！」と書かれていた。なぜ、私は予測できたのか。

答えは単純。２０１４年のときも「ロシアの武装集団がクリミアに展開したのは、ソチ五輪とパラリンピックの中休み期間」であり、「五輪の日程を考慮して計画された」からである（北岡伸一・細谷雄一〈編〉『新しい地政学』東洋経済新報社）。

残念なのは、右引用（『新しい地政学』）の当該執筆論者も前出番組に出演し「ブラフに過ぎない」と語ったことである。日本の主要メディアが重用する「識者」らは、きっと台湾有事が目前に迫っても、みな昨年同様、呑気にこう語るに違いない。

「単なる軍事演習であり、ブラフに過ぎない。習近平主席もバカではない」

今年（二〇二三年）八月三十一日、台湾の国防部（国防省）が、中国の軍事力に関する二〇二三年版の年次報告書を立法院（国会）に送付した。非公開の報告書を入手した産経新聞の田中靖人記者が九月一日付「産経新聞」朝刊一面に掲載されたスクープ記事で、その内容を明かしている。

それによると、中国共産党の習近平総書記（国家主席）が「第3期の任期内に台湾問題を解決する過程を進める可能性がある」として、中国が習総書記の3期目任期末に当たる二〇二七年までに台湾への武力侵攻に踏み切る可能性に警戒感を示したという。後述するとおり、米軍も同様の警戒感を抱いている。

また報告書は、習総書記が昨年十月の党大会と今年三月の全国人民代表大会を経て「権力をさらに集中させた」結果、「個人の意思が政策決定の指標となった」と台湾侵攻が習氏の独断で決定され得るとも指摘。その上で、「米中両陣営の競争」などで、中国が「台湾に侵攻する可能性と軍事衝突のリスクは高まっている」と分析した。

❖日米韓「キャンプ・デービッドの精神」

今年（二〇二三年）八月、岸田文雄・内閣総理大臣は、訪問先のアメリカで日米韓3か国の首脳会談に臨み、北朝鮮や中国の動向を踏まえ、三か国の安全保障協力を新たな高みに引き上げるべく、首脳や閣僚級の会談を定例化させ、緊急時の情報共有の仕組みを強化することなどで合意した。

八月十八日に公表された日米韓首脳共同声明「キャンプ・デービッドの精神」は、こう謳う。

《我々、日米韓三か国の首脳は、日米韓パートナーシップの新時代の幕を開くため、日米韓三か国及びその国民にとって類いまれな機会であると同時に、地政学的競争、気候危機、ロシアによるウクライナに対する侵略戦争、そして核による挑発が我々を試している歴史の分岐点において、キャンプ・デービッドに集った。》

そのうえで以下のとおり、中国を名指しで批判した。

《我々は、地域の平和及び繁栄を損なう、ルールに基づく国際秩序と整合的ではない行動に対する懸念を共有する。我々は、南シナ海において最近我々が目の当たりにした、中国による不法な海洋権益に関する主張を後押しする危険かつ攻撃的な行動に関して各国が公に表明した立場を想起し、インド太平洋地域の水域におけるいかなる一方的な現状変更の試みにも強く反対する。（中略）我々は、国際社会の安全と繁栄に不可欠な要素である台湾海峡の平和と安定の重要性を再確認する。台湾に関する我々の基本的な立場に変更はなく、我々は、両岸問題の平和的な解決を促す。》（傍線は潮補記・以下同）

この共同声明を報じた産経新聞の記事を借りよう。

《韓国は18日に発表した日米との共同声明で、中国が南シナ海で不法な海洋権益を主張し、危険な行動をしていると名指しで批判した。過去の外交協議では最大貿易相手国である中国への配慮も目立ったが、尹錫悦（ユンソンニョル）政権は経済安全保障分野での協力強化にも積極的な姿勢を示し、中国を牽制する日米と足並みをそろえた。》（ソウル＝時吉達也）

韓国ソウル発の記事として、こう報じたが、韓国同様、日本もこれまで、「中国への配慮が目立った」。関係各国の外交姿勢を変化させた原因は、紛れもなく中国である。細かい違いだが、過去の通例と異なり、中国が北朝鮮より先に明記された経緯も、日米韓による厳しい認識の現れであろう。

❖NHKが報じた「日本が戦争に巻き込まれる可能性」

今年（令和五年）の「終戦記念日」に、NHK総合テレビは「Z世代と〝戦争〟」と題した「NHKスペシャル」を放送した。番組公式X（旧ツイッター）はこう宣伝していた。「もしも日本が戦争に巻き込まれたら？　平和の実現に向けて、あなたにできることは？　3千人の若者に戦争や平和について聞きました。その声をもとに、スタジオで本音を語り合います。」

番組公式サイトを借りよう。

《太平洋戦争の終戦から78年がたち、日本では戦争を直接経験していない世代が大多数となりました。一方、世界に目を転じるとロシアによるウクライナ侵攻など、戦争・紛争のニュースが連日伝えられています。そんな中、いまの日本の若い世代は戦争と平和についてどのような考えを持っているのでしょうか？（中略）インターネットを通じてアンケートを実施し、全国の13歳から29歳の男女3000人から回答を得ました。（Z世代…1990年代から2000年代に生まれた10代20代の若者）

アンケートで『10年以内に日本が戦争に巻き込まれる可能性はあると思うか？』を尋ねたところ、「あると思う」が17％、「どちらかといえばあると思う」が38％となり、あわせると半数を超えていました。一方、「どちらかといえばない」は21％、「ないと思う」は13％でした。》

公共放送NHKの右看板番組を筆頭に、わが日本国民には当事者意識が完全に欠如している。いわゆる台湾有事で「戦争に巻き込まれる」国の名前を挙げるなら、その筆頭はアメリカ合衆国である。あえて言うなら、日本は当事国であり、「巻き込まれる」という他人事のような感覚は著しく適切さを欠く。

相変わらず脳天気なNHKの右看板番組が放送される一週間前、自民党の麻生太郎副総裁が訪問先の台湾で講演し、台湾有事の際には台湾防衛のため防衛力を行使する考えを表明、賛否両論が渦巻いた。

講演で、麻生副総裁は、中国が台湾への軍事的な圧力を強めていることについて、「台湾海峡の平和と安定は、日本はもとより、国際社会の安定にとっても重要だ。その重要性は、世界各国の共通の認識になりつつある」と指摘した上で、「今ほど日本、台湾、アメリカをはじめとした有志の国々に非常に強い抑止力を機能させる覚悟が求められている時代はないのではないか。戦う覚悟だ。いざとなったら、台湾の防衛のために防衛力を使うという明確な意思を相手に伝えることが抑止力になる」と強調した。

講演の最後にも、「台湾の人たちの生活、幸せ、繁栄を維持するため、現状を守り抜く覚悟を蔡英文総統の後に総統になられる方にも持っていただき、同じ価値観を持つわれわれと一緒に戦っていただけることを心から期待する」と連帯を呼びかけた。

❖日本は〝ルフィ〟になれるのか

麻生副総裁が述べたとおり、日本には、台湾や米国などの有志国とともに、〝戦う覚悟〟が求められている。八月十日付「産経新聞」朝刊の「主張」（社説）を借りよう。

《戦争を防ぐには、戦う態勢と覚悟を伴う抑止力を相手に示さなければならないという逆説の実行が大切である―が安全保障の世界の常識といえる。／麻生氏は副総理兼財務相当時の令和3年7月にも「日米で台湾を防衛しなければならない」と語っている。「力の信奉者」である中国を自制させるには、日米台などが連携して抑止力を向上させ、同時に外交努力を尽くす必要がある。》

翌九日付の台湾大手紙「自由時報」は一面に「台湾海峡の安全を守る決意を示す」との見出しを掲げて、講演を紹介。加えて二面と三面にも関連記事を掲載した。麻生副総裁が、台湾でも人気の漫画「ワンピース」を取り上げ、「主人公のルフィは友達を裏切らない」と発言したことを、「日本は台湾を裏切らない意味だ」とも論評した。

果たして、そのとき、日本は〝ルフィ〟になれるのだろうか。しっかり、台湾の期待に応えられるのだろうか。

不安材料には事欠かない。事実、在日本中国大使館は、「身の程知らずで、でたらめを言っている」とする報道官談話を発表。談話で「台湾は中国の台湾であり、台湾問題の解決は完全に中国の内政問題だ」と指摘。「もし日本の一部の人々が中国の内政問題と日本の安全保障を結びつけるならば、それは再び日本を誤った道に導くことになるだろう」と非難した。

中国当局の反発に加え、台湾メディアでも、中国寄りの「中国時報」は「戦争をあおっている」、「台湾への善意が感じられない」などと麻生講演を批判した。

日本国内でも、案の定、野党幹部らが記者会見で以下のとおり批判した。

立憲民主党の岡田幹事長「外交的に台湾有事にならないようにどうするかが、まず求められる。台湾有事になったとしても、アメリカは、はっきりと軍事介入するとは言っておらず、含みを持たせている。最終的に国民の命と暮らしを預かっているのは政治家なので、軽々に言う話ではない」

共産党の小池書記局長「『戦う覚悟』という発言は、極めて挑発的だ。麻生氏は、明確な意思を伝えることが抑止力になると言ったが、恐怖によって相手を思いとどまらせることは、軍事対軍事の悪循環を引き起こすものだ。日本に必要なのは、戦う覚悟ではなく、憲法9条に基づいて絶対に戦争を起こさせない覚悟だ」

野党だけではない。連立与党の公明党からも、同八月末、山口代表の中国訪問を控えていたこともあり、「中国を明らかに刺激している。本来なら避けて欲しかった発言だ」との党幹部発言が報じられた。

❖そのとき、本当に「戦う覚悟」を持てるのか

台湾有事は極東有事であり、日本有事ではない。私は前掲拙著『ウクライナの教訓』で、そう述べた。一部「保守」陣営からの激しい反発も招いたが、その一方、同書は「咢堂ブッククオブザイヤー2022大賞」（外交・安全保障部門、尾崎行雄記念財団）に選ばれた。

きちんと同書を読んでいただければ、避けられた誤解だったが，「台湾有事は極東有事であり、日本有事ではない」が同時に、けっして台湾有事は他人事ではない。むしろ日本は当

事国となる。その趣旨で「台湾有事は日本有事」と言っても許されるかもしれないが、それでは後述するとおり、日米間の「事前協議」問題や、中国による核恫喝のリスクを含めた重要な論点が雲散霧消してしまう。私を批判するだけの「保守」陣営には、そのリスクが見えていない。

麻生副総裁が述べたとおり、「戦う覚悟」は必要である。だが、すでに現職総理でもなく、閣僚ですらない自民党副総裁が、そう講演しただけで内外から反発や批判が噴出するのだ。そのとき、本当に「戦う覚悟」を持てるのか。小谷哲男教授（明海大学）のX（旧ツイッター）投稿を借りよう。

《「戦う覚悟」発言、究極的には日本国民が持つべき覚悟を意味する。しかし、台湾有事に介入すれば東京を核攻撃すると言われてもその覚悟を持てるのか。日本が攻撃されてなくても、台湾海峡を渡る中国艦船を自衛隊の対艦ミサイルや潜水艦で攻撃する覚悟はあるのか。日本国内でまず議論すべき問題。》

そのとおり。本書は、日本国民に、その覚悟を問うている。

私にとって本書は22冊目の単著となる。秀和システムでの単著は初めてだが、ちょうど9年前に、『ウソが栄えりゃ、国が亡びる』（KKベストセラーズ）と題した拙著を御担当いただいた小笠原豊樹氏に今回、改めてお世話になった。この間も変わらぬ御厚情をいただき、感謝に耐えない。

前掲拙著と同様、本書は主に、言論プラットフォーム「アゴラ」への寄稿を、〝台湾有事〟という本書のテーマに沿って再構成したものがベースとなっている。再録をご快諾くださったアゴラ関係者の皆さまにも感謝申し上げたい。

なお、最近の拙著における方針を踏襲し、文中の登場人物について、必要に応じ、肩書きは付したが、敬称は略させていただいた。肩書きは原則として当時のものとした。ご理解いただければ幸いである。

最後になったが、本書をご購読くださった皆様に心より御礼を申し上げたい。

令和五年（二〇二三年）秋

潮　匡人

『台湾有事の衝撃　そのとき、日本の「戦後」が終わる』◆目次

まえがき　台湾海峡、波高し……3

第1章　いま、そこにある台湾有事……25

第 1 章
いま、そこにある台湾有事

2019年10月の建国70周年軍事パレードで初めて登場した中国のDF-17準中距離弾道ミサイル。極超音速滑空兵器(HGV)を搭載可能[写真提供:Avaron/時事通信フォト]

❖最新版「防衛白書」が鳴らした警鐘

防衛省は今年（二〇二三年）七月二十八日に閣議報告した最新の令和五年版「防衛白書」で、こう警鐘を鳴らした。

《作戦遂行能力の強化とともに、中国は、わが国の尖閣諸島周辺における領海侵入や領空侵犯を含め、東シナ海、南シナ海などにおける海空域において、力による一方的な現状変更及びその試みを継続・強化し、日本海、太平洋などでも、わが国の安全保障に影響を及ぼす軍事活動を拡大・活発化させている。（中略）また、台湾周辺での軍事活動も活発化させてきている。さらに、軍事活動を含め、中露の連携強化の動きが一層強まっている。》

実際、白書が報告・公表された七月二十八日から翌二十九日にかけて、中国・ロシア両国の海軍艦艇（計10隻）が（北海道とサハリンの間の）宗谷海峡を抜け、日本海からオホーツク海へ入った。しかも、このうち9隻は、同月十八日から二十三日にかけて、日本海で射撃などの共同訓練をしていた（防衛省統合幕僚監部発表）。

最新白書は、こうも警鐘を鳴らす。

《こうした中国の対外的な姿勢や軍事動向などは、わが国と国際社会の深刻な懸念事項であり、わが国の平和と安全及び国際社会の平和と安定を確保し、法の支配に基づく国際秩序を強化するうえで、これまでにない最大の戦略的な挑戦であり、わが国の防衛力を含む総合的な国力と同盟国・同志国などとの協力・連携により対応すべきものである。》（傍線は潮の補記・以下同）

また、「米中の軍事的なパワーバランスの変化」について、「インド太平洋地域の平和と安定に影響を与えうることから、南シナ海や台湾をはじめとする同地域の米中の軍事的な動向について一層注視していく必要がある」とも指摘。

加えて、昨二〇二二年十月に米バイデン政権が公表した「国家安全保障戦略」（ＮＳＳ）のなかで、中国を「米国にとって最も重大な地政学的挑戦」であり、「国際秩序を再構築する意図とそれを実現する経済力、外交力、軍事力、技術力をあわせ持つ唯一の競争相手」と位置づけたうえで、「中国は、世界をリードする大国となる野望を抱いており、急速に近代化する軍事力に投資し、インド太平洋地域での能力を高め、米国の同盟関係の浸食を試みているとしている。そして、世界は今、転換点にあり、中国との競争力を決める上で今後10年は決定的な意味を持つとの考えを示した」とも指摘した。

今年の最新白書は、「諸外国の防衛政策など」と題した第3章のなかで、「第2節　中国」を、国別で最多の31ページを割いて紹介した。「米国と中国の関係など」と題した次節を加えると41ページもの分量で詳述した。防衛省が抱く警戒感の深刻さが伺われる。

なかでも、中台関係に関する記述に注目したい。

《中国は、台湾周辺での軍事活動を活発化させている。台湾国防部の発表によれば、2020年9月以降、中国軍機による台湾周辺空域への進入が増加しており、2021年には延べ970機以上が同空域に進入し、2022年には前年を大きく上回る延べ1700機以上の航空機が台湾周辺空域に進入した。また、同空域への進入アセットについては、従来の戦闘機や爆撃機に加え、2021年以降、攻撃ヘリ、空中給油機、UAVなどが確認されたと発表されている。（中略）中国は、台湾周辺での一連の活動を通じ、中国軍が常態的に活動している状況の既成事実化を図るとともに、実戦能力の向上を企図しているとみられる。》

❖もはや朝日新聞すら「敵基地攻撃能力」批判を封印？

さらに、「台湾をめぐる中国の軍事動向」と題した「解説」欄で、こう警鐘を鳴らす。

《中国は、台湾周辺における一連の活動を通じ、中国軍が常態的に活動している状況の既成事実化を図るとともに、実戦能力の向上を企図しているとみられます。2022年10月の第20回党大会において、習近平総書記が両岸関係について、「最大の努力を尽くして平和的統一の未来を実現する」としつつも、「武力行使の放棄を決して約束せず、あらゆる必要な措置を講じる選択肢を留保する」との姿勢を表明する中、このような中国軍による威圧的な軍事活動の活発化により、国際社会の安全と繁栄に不可欠な台湾海峡の平和と安定については、わが国を含むインド太平洋地域のみならず、国際社会において急速に懸念が高まっています。》

他のポイントについては、あえて、今年七月二十九日付「朝日新聞」朝刊記事を借りよう。

《ロシアについては、ウクライナ侵攻の長期化で通常戦力が大幅に損耗している可能性を指摘し、「核戦力への依存を深めると考えられる」と分析。中ロが日本周辺で繰り返し実施している爆撃機や艦艇を使った共同活動は「わが国に対する示威活動を明確に意図したもの」とし、中ロの連携強化に「重大な懸念」を表明した。弾道ミサイルの発射を繰り返す北朝鮮については「従前よりも一層重大かつ差し迫った脅威」と強調した。》

加えて言えば、同日付朝日朝刊が別の記事で、こう報じている。

《朝鮮の朝鮮中央通信は28日、「戦勝記念日」と位置づける朝鮮戦争の休戦協定締結から70年の27日夜、平壌の金日成広場で軍事パレードが行われたと報じた。金正恩総書記はロシアのショイグ国防相、中国共産党の李鴻忠（りこうちゅう）政治局員と並んで観覧。米国と対立する3カ国の結束を誇示する狙いがあるとみられる。》

北朝鮮は軍事パレードで、ＩＣＢＭ「火星18」や「火星17」、ドローン兵器を含む最新兵器の映像を公開し、自身の軍事力と中朝ロの結束を誇示した。最新の防衛白書を報じた朝日記事は、こう結ぶ。

《白書では「戦後最も厳しく複雑な安全保障環境に直面している」として、防衛力の抜本的強化を訴えた。昨年12月に安全保障関連3文書を策定し、敵基地攻撃能力（反撃能力）の保有を決めたことや、23〜27年度の防衛費をこれまでの1・5倍超の約43兆円に増やすことなどを紹介している。（田嶋慶彦）》

そのとおりだが、朝日は今年五月三日付「社説」で「岸田政権が踏み切った敵基地攻撃能力の保有」を《日本の防衛の基本方針である「専守防衛」を空洞化させるもので、判断を誤れば、国際法違反の先制攻撃になりかねない。相手国からの攻撃を誘発する恐れもある》などと批判していた。

最新白書を虚心坦懐に読めば、そうした批判が当たらないことが容易に理解できよう。今回、朝日新聞にしては珍しく「敵基地攻撃能力（反撃能力）の保有」を咎めなかったのは、そうした理由なのだろうか。

❖日中の間で大きく開いた〝ワニの口〟

本書では以下、朝日新聞が報じなかった中台関係に関係する記述を確認しておこう。

《2005年3月に制定された「反国家分裂法」では、「平和的統一の可能性が完全に失われたとき、国は非平和的方式やそのほか必要な措置を講じて、国家の主権と領土保全を守ることができる」とし、武力行使の不放棄が明文化されている。また、2022年10月、習総書記は、第20回党大会における報告の中で、両岸関係について、「最大の誠意をもって、最大の努力を尽くして平和的統一の未来を実現」するとしつつも、「台湾問題を解決して祖国の完全統一を実現することは、中華民族の偉大な復興を実現する上での必然的要請」であり、「決して武力行使の放棄を約束せず、あらゆる必要な措置をとるという選択肢を残す」との立場を改めて表明した。また、同党大会で採択された改正党規約においても、「『台湾独立』に断固反対し、阻止する」との文言を追加し、台湾独立阻止を党の任務として位置づけた。》

中国はけっして台湾の独立を許さない。必要なら、必ず武力を行使する。なにも私の独断ではない。右引用部分で白書が述べたとおり、他ならぬ中国自身が繰り返し、そう明言している。

しかも、困ったことに、単なるブラフ（脅し）にとどまらない。白書が以下述べるとおり、実際に必要となる軍事力を着々と増強させている。

《中国は、２０２３年度の国防予算を約１兆５５３７億元（1元＝20円で機械的に換算すると、日本円で約31兆７４０億円）と発表した。これは中国側の発表によれば、前年度予算額から約７・２％の伸びとなる。中国の公表国防予算は、１９８９年度から２０１５年度までほぼ毎年２桁の伸び率を記録する速いペースで増加してきており、公表国防予算の名目上の規模は、１９９３年度から30年間で約37倍、２０１３年度から10年間で約２・２倍となっている。》

この10年間で拡大したのは軍事費だけではない。近代的な海上戦力の隻数は１・６倍。近代的な航空戦力は２・２倍。核弾頭は１・５倍に増加している（いずれも、防衛白書が示した約数）。

その一方で、日本の防衛費は不当に低く抑えられてきた。開いた〝ワニの口〟のように中国の軍事費と日本の防衛費の差は拡大し続けている。これも私の独断ではない。事実、「防衛白書」自身が右引用部分の脚注で、こう認めている。

《中国の公表国防予算は、急速なペースで増加しており、２０２３年度にはわが国の防衛関係費の約４・７倍に達している。なお、わが国の防衛関係費は、約20年間で約１・３倍（30

図表Ⅰ-3-2-1　中国の公表国防予算の推移

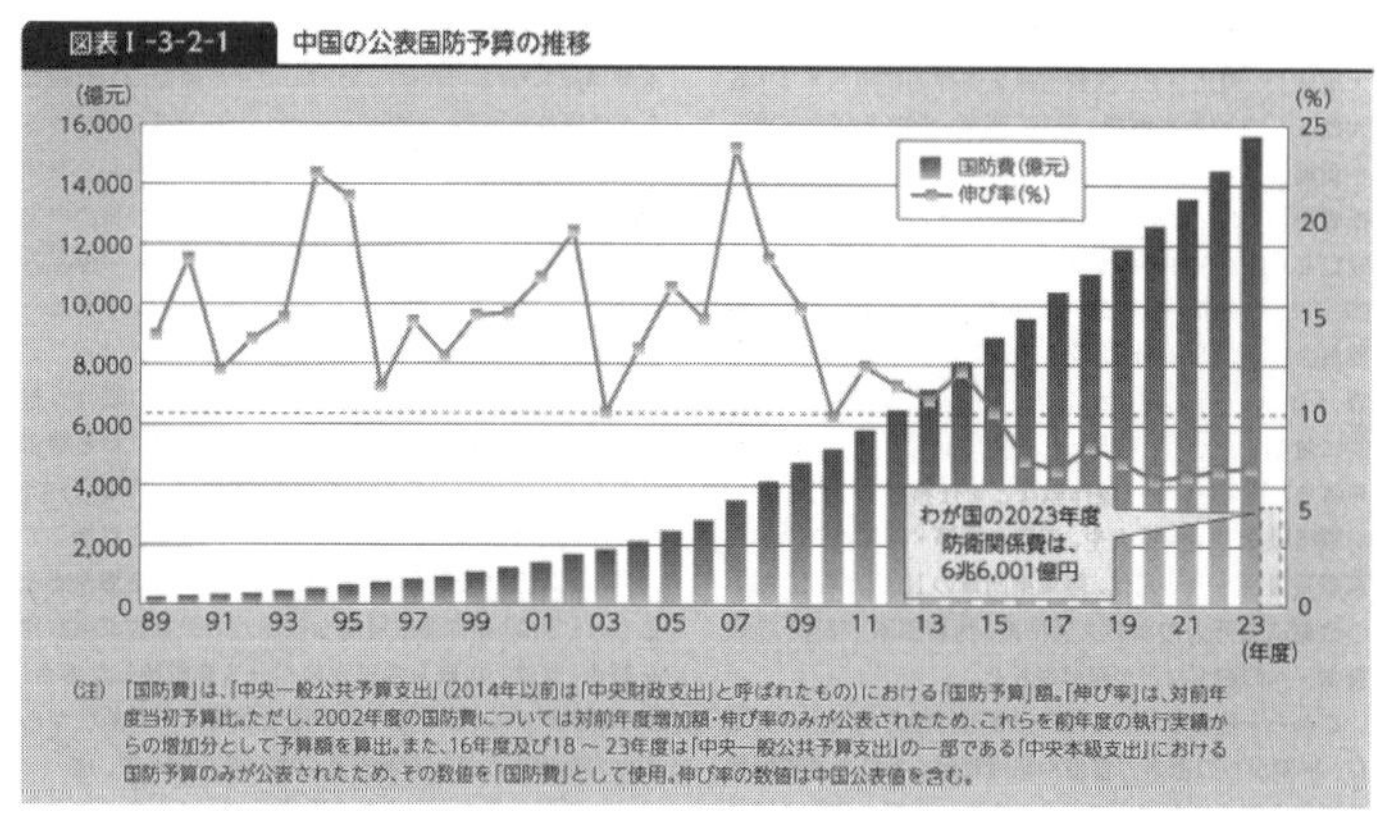

(注)「国防費」は、「中央一般公共予算支出」(2014年以前は「中央財政支出」と呼ばれたもの)における「国防予算」額。「伸び率」は、対前年度当初予算比。ただし、2002年度の国防費については対前年度増加額・伸び率のみが公表されたため、これらを前年度の執行実績からの増加分として予算額を算出。また、16年度及び18～23年度は「中央一般公共予算支出」の一部である「中央本級支出」における国防予算のみが公表されたため、その数値を「国防費」として使用。伸び率の数値は中国公表値を含む。

年間では約1・4倍）である。》

　中国が（公表された国防予算に限っても）37倍もの軍拡を続けてきた30年間、日本の防衛費の伸びは、たったの1・4倍。私はずっと「このままでは中国に追い越されてしまう」と訴え続けてきたが、もはや、とうてい追いつけない格差が広がってしまった。白書が掲げた上の図は、以上の深刻さを端的に示している。

　ならば、台湾との比較は、どうか。

《中国が継続的に高い水準で国防費を増加させる一方、2023年度の台湾の国防費は約4092億台湾ドルと約20年間でほぼ横ばいである。同年度の中国の公表国防費は約1兆5537億元であり、台湾中央銀行が発表した為替レートで米ドル換算して比較した場合、台湾の約17倍となっている。なお、中国の実際の国防支出は公表国防費よりも大きいことが指摘されており、中台国防費の実際の差はさらに大きい可能性がある。》

右のとおり、台湾が置かれた状況は、日本よりも厳しい。

ちなみに、白書刊行後の今年八月二十一日、台湾の蔡英文総統が、二〇二四年の予算案について、防衛費が6068億台湾元（約2兆7800億円）となり過去最高を更新すると述べた。GDP（域内総生産）比では2・5％に達する。

蔡総統は、中国の軍事圧力を念頭に「自衛力を強化し、台湾防衛の決意を示さなければならない」と表明。台湾製の軍艦の生産などが順調に進んでいることも強調したが、中台間で開いた〝ワニの口〟が塞がる気配は見えない。

❖中台の軍事バランスは「中国側に有利な方向に急速に傾斜」

では、中台の軍事力を、どう評価すべきなのか。最新白書は以下の「一般的な特徴」を挙げる。

① 陸軍力については、中国が圧倒的な兵力を有しているものの、台湾本島への着上陸侵攻能力は現時点では限定的である。しかし、近年、中国は大型揚陸艦の建造・就役など着上陸侵攻能力を着実に向上させるとともに、民間の輸送船などの動員によって、輸

送能力の向上を図っているとみられる。これに対し、台湾側も近年、対戦車ミサイル「ジャベリン」などの非対称兵器を使用した訓練の強化や、予備役や今後復活予定の徴兵対象者の戦闘訓練への参加など、対着上陸能力向上に向けた取組を行っている。

②　海・空軍力については、電磁カタパルト搭載の可能性が指摘される2隻目の国産空母の進水や、第5世代戦闘機であるJ－20の作戦部隊への配備など、中国の海・空軍力が質的にも量的にも急速に強化されている。一方、台湾は、海空戦力増強のための特別予算を可決するなど海空戦力の強化に努めているものの、その戦力差は中国に有利な方向に拡大する傾向にある。

③　ミサイル攻撃力については、中国は台湾を射程に収める短距離弾道ミサイルや多連装ロケット砲などを多数保有している。これに対し台湾は、米国から導入したＰＡＣ－2の性能向上及びＰＡＣ－３の新規導入を進めるなどミサイル防衛能力を強化しているが、飽和攻撃への対応には限界があると指摘されている。また、台湾は、射程１２００㎞とも言われる地対地ミサイル「雄昇」などの長射程巡航ミサイルの開発・生産を行っていることが指摘されるとともに、米国から長射程空対地ミサイル「ＡＧＭ１５８」の導入を目指しているとされるなど、スタンド・オフ攻撃能力の向上を図っている。

そのうえで白書は、「軍事能力の比較は、兵力、装備の性能や量だけではなく、想定される軍事作戦の目的や様相、運用態勢、要員の練度、後方支援体制など様々な要素から判断されるべきものであるが」と、お役所らしく断りをいれながらも、「中台の軍事バランスは全体として中国側に有利な方向に急速に傾斜する形で変化している」と、白書にしては珍しく断定した。

ちなみに昨二〇二二年版の「防衛白書」では「中台の軍事バランスは全体として中国側に有利な方向に変化し、その差は年々拡大する傾向が見られている」と書いていた。明らかに昨年より、警戒感を強めた表現になっている。

最新白書は、さらに、こう続く。

《中国は、台湾周辺における威圧的な軍事活動を活発化させており、国際社会の安全と繁栄に不可欠な台湾海峡の平和と安定については、わが国を含むインド太平洋地域のみならず、国際社会全体において急速に懸念が高まっている。力による一方的な現状変更はインド太平洋のみならず、世界共通の課題との認識のもと、わが国としては、同盟国たる米国や同志国、国際社会と連携しつつ、関連動向を一層の緊張感を持って注視していく。》

❖数年以内に起きる台湾有事

いわゆる「台湾有事」への懸念が高まるなか、日本政府は遅ればせながらも、南西諸島の国民をどう保護するか、ようやく検討を始めた。

今年七月、松野官房長官は沖縄県石垣市を訪れ、現地で石垣市の中山市長と会談、有事の際に住民が身を寄せられるシェルターの整備のほか、島の外に速やかに避難できるよう港の岸壁の拡張や空港滑走路の延長などへの支援を要請された。

これに対し、松野長官は「石垣島では観光客も含めたすべての人を避難させるには、数日から10日程度かかる可能性があり、安全を確保するための避難施設が必要だ」と述べ、地元の要望も踏まえ、避難施設の整備などを検討していく考えを示した。

中国国民の〝戦意〟も過熱している。今年（二〇二三年）五月、香港の英字紙「サウスチャイナ・モーニング・ポスト（ＳＣＭＰ）」は、シンガポール国立大学などが中国本土で実施した世論調査で、過半数の55％が、中台統一のための全面戦争を支持すると回答したと報じた。反対は約3割にとどまった。全面戦争を除いた軍事的威嚇と経済制裁を支持するという比率も、それぞれ58％、57％を占めた。

今年七月六日には、中国の習近平国家主席が、対台湾作戦などを担う東部戦区の施設を訪れ、将兵らに「戦争に備えた任務の新局面を切り開くよう努めなければならない」と指示した。この東部戦区は、江蘇省南京市に拠点を置き、台湾周辺での大規模演習などを行っている。習主席は、米国と台湾の接近を念頭に「わが国の安全を巡る情勢は不安定性、不確定性が増している」として、全力で作戦遂行能力を高めるよう命じた。実戦に備えた軍事訓練を通じ、勝利する能力の向上が重要だとしている。

もはや台湾有事はあるか、ないかの問題ではない。それが、いつ起きるか、という問題だ。多くの専門家がそう警鐘を鳴らす。

たとえば、新刊『デンジャー・ゾーン　迫る中国との衝突』（奥山真司訳、飛鳥新社）は序章を「二〇二五年一月八日、いままさに戦争が始まろうとしていた」と書き出す。共著者のハル・ブランズ特別教授（米ジョンズ・ホプキンス大学）は国防長官顧問、マイケル・ベックリー准教授（タフツ大学）も国防省長官室アドバイザー。けっして素人のたわ言などではない。

事実、米当局者の間では、台湾有事への危機感が高まっている。二〇二一年三月には、当時のデービッドソン米インド太平洋軍司令官が「中国の習近平指導部が三期目の任期満了を迎える二〇二七年までに、中国が台湾に侵攻する可能性がある」との見方を示した（具体的には「その脅威は今後10年以内、実際には今後6年で明らかになる」と述べた）。予算審議に関連した退任間近の発言ではあったが、証言が与えたインパクトは大きい。

ただ、同年六月には、米上院予算委員会で、ミリー統合参謀本部議長が、「現状、中国は台湾を軍事的に占領するための作戦を遂行できる、けっして冗談ではない現実的な能力（actual no kidding capability）を獲得する途上にある。ただ、台湾を軍事力によって統一しようとする意志や動機は直近では低く、その能力も十分でないことから、軍事的手段を用いる理由はない」との見方を示した。デービッドソン司令官の右発言を修正したとも受け取れるが、ミリー議長も、「台湾統一」が「中国の国益の核心」であり、武力行使以外の手段が用いられる可能性は認めている。

二〇二一年十一月には、米議会の諮問機関「米中経済安全保障調査委員会（ＵＳＣＣ）」が公表した年次報告のなかで、「中国軍は台湾に軍事侵攻するために必要な初期的能力をすでに獲得している」と強い危機感を示した。

また、同年五月発行の英『エコノミスト』誌が、「地球上で最も危険な場所（The most dangerous place on Earth）」と題し、「米中は、将来にわたって台湾有事を避けるため、もっと真剣に努力しなければならない（America and China must work harder to avoid war over the future of Taiwan）」と訴え、世界の注目を集めた。

今年の一月二十七日には、米空軍のミニハン大将が内部のメモで「二〇二五年に中国との間で戦争になる気がする。それが間違っていることを望むが」と警戒感を示したことが波紋を呼んだ。二〇二四年の米大統領選と台湾総統選の直後に台湾有事が発生するとの分析である（米ＮＢＣ報道）。

二月二日には、米ＣＩＡ（中央情報局）のバーンズ長官が講演のなかで、「二〇二七年までに台湾侵攻を成功させる準備を整えるよう、習近平主席が人民解放軍に指示した」との情報を明かした。

❖自衛隊は26隻の艦艇、１２２機の作戦機を失う

ただし、その後、バーンズ長官は、七月二十日に米国コロラド州で開かれたシンポジウムで、右の発言について、「紛争が差し迫っているとか、避けられないという意味ではない」と釈明したうえで、「習主席と人民解放軍指導部は、台湾への全面的な侵攻が、許容できる犠牲で成功するか、懐疑的になっている」と述べた。

バーンズ長官は、「習主席ほどプーチン露大統領のウクライナ侵略を注視する外国指導者はいない」とも指摘。小規模のウクライナ軍が、高い士気を維持して、大規模な露軍への反

撃に成功し、露側のシステム上の欠陥も明らかになったことが、台湾を想定する際の疑問につながっていると分析した。

さらに、「プーチン大統領だけでなく、習主席も、バイデン大統領がウクライナへの強固な支援に西側を結束させ、対露制裁の経済的な負担も進んで受け入れていることを過小評価した」と指摘、そうした要因も「中国指導部を躊躇させている」との見方を示した。ただ同時に、長官は「台湾を支配しようとする習氏の決意を、米情報機関の誰も過小評価していない」とも強調した（今年七月二十三日付産経朝刊参照）

だとすれば、残された時間は少ない。安倍晋三・元総理は「中国との外交は、将棋と同じ」と述べていたが（『安倍晋三回顧録』中央公論新社）、そうした「神経戦」を繰り広げる余裕はなさそうだ。

ちなみに、安倍政権で「外交スピーチライター」（内閣官房参与）を務めていた谷口智彦教授（慶応大学大学院）は、「『安倍晋三　回顧録』公式副読本」と銘打たれた新刊『安倍元首相が語らなかった本当のこと』（中央公論新社ノンフィクション編集部編）で、「もし安倍政権がもう1期あるとしたら、『皇統』か『台湾』が喫緊の課題になった時だと私は思っていました」と語っている。「台湾」について「もし安倍さんが存命なら、岸田政権が出した安保強化の方向に満足しながらも、実行実践を急げ、急げと、ハッパをかけ続けたに違いない。

代わってその役目を担える人がまだ乏しいですね」とも語っている。

やはり、残された時間は少なそうだ。

ならば、台湾有事で、勝利の女神は、米中どちらに微笑むのか。

参考になるのが、今月九日、米有力シンクタンク「戦略国際問題研究所（CSIS）」が公表した台湾有事シミュレーションだ。二〇二六年の侵攻を想定し、24通りの戦闘シナリオを分析した。

そのうち、中国が勝利するシナリオは二つだけ。一つは米軍が介入しない場合。もう一つは、米軍は介入するが、日本が中立を守り、在日米軍の戦闘作戦行動を認めない「ラグナロク（終末の日）」シナリオ。

その他のシナリオ分析も踏まえ、同報告書は「台湾防衛の要は日本」と指摘しつつ、「日本が在日米軍による基地の使用を拒めば、70年にわたり日本の安全保障を支えてきた日米同盟を台無しにするリスクを冒す」と警告した。

逆に、日本政府が基地使用を許可した場合、在日米軍は三沢、横須賀、岩国、嘉手納で作戦準備を開始。中国がミサイル攻撃をしかけ、日本の参戦を促す結果を生む。

ただし、そうした場合、（楽観・悲観のいずれでもない）基本シナリオで、日本は26隻の艦艇、122機の作戦機を失う。

日米とも、甚大な損害を避けられない。そのとき、日本は決断できるのか。

後述するとおり、言わば純然たる台湾有事が発生した場合、在日米軍基地からの戦闘作戦行動について、日米両政府は事前に協議しなければならない。そのとき、どうするのか。

以上のシナリオは、中国当局者も読んだに違いない。もし米専門家らの予測どおり、台湾有事が発生した場合、その帰趨を決めるのは、他でもない、わが日本国である。

❖もはや「戦後」ではない

今から百年前（一九二三年八月）、日本とアメリカ、フランス、イギリスによる四カ国条約の発効により、日英同盟が失効した。その前年末（十二月三十日）には、ソビエト社会主義共和国連邦が成立している。学者は、当時の世界を「戦間期」と呼び、現在との類似性を語る。

日本経済新聞の社説「いま戦間期の歴史に学ぶこと」を借りよう。

「自国優先の行動が吹き荒れた戦間期の状況をいまの世界に重ね、類似性を警告する声が聞かれる」

どこが類似しているのか。東京大学の板橋拓己教授は、朝日新聞のインタビュー記事「2

度目の大戦を招いた『戦間期』と今の類似点　何に再び失敗したのか」（今年一月三日付朝日朝刊）で、こう語る。

「第1次大戦後の国際体制は、決して悪いものではなかったのですが、やはり勝者のおごりのようなものはありました。どの国も取り残さない秩序をつくっていかないと、『力の時代』に戻り、戦争に行き着いてしまう。それが、戦間期の歴史から得られる教訓だと思います」

現在を「戦間期」にたとえてよいなら、すでに「戦前」と呼んでもよかろう。よく「戦後日本」と呼称するが、もはや「戦後」ではなさそうだ。

振り返れば、平成は大正（時代）と似ていた。どちらの時代も大震災を経験したが、復興を遂げ、「平和」と一定の繁栄を享受した。護憲運動も盛んだった。なかでも以下の経緯を忘れてならない。

一九一四年（大正三年）、オーストリア（とハンガリーの二重）皇太子が銃弾に倒れた。この事件を契機とした軍事的な緊張が、四年三カ月に及ぶ第一次大戦に発展する。だが当初は、誰もが早期に収束すると楽観した。

日本人も楽観ないし傍観した。参戦した当事国となったのに、この戦争を「欧州大戦」と呼んだ。当事者意識は一〇〇年以上経た今も薄い。日本の陸海軍が何をし、何をしなかったのか、語られることは少ない。

だが、欧州の認識は違う。たとえば『第一次大戦　グローバル革命』（オックスフォード大学出版会・邦訳未刊・2011年刊）が、「参戦国中、最小のコストで最大の利益を得た」国として日本を挙げている（木村靖二『第一次世界大戦』ちくま新書）。

日本は当時から、そう思われてきた。なかでも、同盟相手（英国）の軽蔑を浴びた。

当時も、英外務次官が「日本は最小のリスクと負担で最大の利益を引き出そうとしている」と語り、駐日大使が「われわれが手一杯の時に、わが同盟国（日本）にいかに失望したかを語る必要はないであろう」と書いた。イギリス政府の公式文書も「日英同盟は虚無の基盤の上に存在しているに過ぎない」と不満をぶちまけた。

❖百年前の失敗を繰り返すな

日本陸軍は「イギリスのみならず、フランス、ロシア、アメリカなどから数次にわたりヨーロッパへの派遣要請を受けたが応じなかった。（中略）この非協力が日英同盟を解消させる一因ともなってしまう」（平間洋一『日英同盟』PHP新書）。

当時、日本のマスコミは、派兵を「愚論」「愚の極」などと非難合唱した。新聞や雑誌は、同盟国イギリスに不利となる記事を平気で掲載した。それを日本政府も黙認した。

当初、「戦局はドイツに有利」と唱えていた多くの政治家やマスコミは、とくに一九一八年以降、ドイツの劣勢が濃厚となるや、こぞって親英論調に転じる。それが逆に、イギリスの日本侮蔑を招いた。

当時の野党も、現在と同様、マスコミ世論を利用した。陸軍とて例外でない。皇軍は「祖国の防衛」が任務の自衛軍であり「出兵の義務を生ずべき理由存在せず」と主張した。官民挙げて抵抗しておきながら、大戦開戦からわずか一か月後、ドイツに宣戦布告する。それも派遣要請された欧州ではなく、中国大陸の青島に出兵し、攻略した。

他方、海軍は遅れ馳せながら一九一七年、地中海に駆逐艦を含む第二特務艦隊を派遣したが、不幸にも雷撃され、艦長以下59名が戦死する。艦隊の犠牲者数は78名に上った。

イギリスでも、後に首相となるチャーチル（第一海軍卿・当時）が、日本軍の派遣に積極的な姿勢を見せた。そして日本軍の派遣を受け、「日本海軍は大きな貢献を果たした」と、日本の駐英武官に書簡をしたためている。ロイド・ジョージ首相も「日本は忠実かつ誠実に条約を解釈して、その義務を果たした」と演説した。

だが、第二特務艦隊の尊い犠牲も、日本外交の戦略的な失敗を補うことはできなかった。結局、日英同盟は解消されてしまう。日英同盟を失った昭和日本は、いわゆる太平洋戦争に突入していく。

以上は、明治に日清、日露の戦いを経験した大正日本が歩んだ道である。私には、平成日本の歩みと重なって見える。

はたして令和は、昭和と同じ道をたどることになるのだろうか。日本国と日本人は重大な岐路に立っている。

第2章

終わらない戦争
——台湾有事とウクライナ戦争の共通点

防衛省のシンクタンク「防衛研究所」の外交・安全保障の専門家チームが執筆した研究書籍『ウクライナ戦争の衝撃』[写真提供：時事通信フォト]

❖防衛研究所の報告書『ウクライナ戦争の衝撃』

台湾有事が与える衝撃を考えるうえで、避けて通れないのが、二〇二二年二月二十四日の出来事である。まずは、防衛研究所（防衛省）の年次報告書「東アジア戦略概観」（2022年版）の別冊として刊行された『ウクライナ戦争の衝撃』（インターブックス）から「まえがき」の冒頭を借りよう。

《二〇二二年二月二四日、ロシアはウクライナへの大規模な軍事侵攻を開始した。ロシアは侵攻前に最大で一九万人ともいわれる兵力を国境付近に集結させ、ロシア軍はその圧倒的な兵力をもってウクライナに攻め入り、短期間で勝利を収めるはずであった。少なくともロシアはそう考えていた。》

右を執筆担当した増田雅之室長（政治・法制研究室）は、次のページで「ロシア軍による侵攻開始から二カ月余り、世界は多くの衝撃に見舞われ、いまも我々は衝撃のなかにいる」として、以下の三点を挙げる。

「ロシアの軍事侵攻が国際秩序の根幹を揺るがしたという衝撃」
「ウクライナ戦争のエスカレーションの可能性」

「戦争における非人道的な行為についての衝撃」

同様に、同書第6章座談会の冒頭でも、こう述べる。

《ウクライナ戦争が世界に与えた「衝撃」はおおむね三つあったのではないかと思います。一つ目は合理性なきロシアの全面的な軍事侵攻です。ロシアは国境付近に大規模に部隊を集結させていたものの、軍事侵攻の意図は否定していました。緊張が高まるなかで専門家たちも国家としての「収支決算」を考えれば、全面的な侵攻はないとみていました。

二つ目は、米国やNATOとの間で核戦争ひいては第三次世界大戦の勃発にまでエスカレートするのではないか、との不安を呼び起こす衝撃です。通常戦力で圧倒的に有利にあるロシア軍がウクライナ軍に苦戦し、戦争が長期化するなかで、エスカレーションの可能性が未だ否定できません。三つ目はロシア軍が民間人を標的とする攻撃をあからさまに行い、そうした状況がSNSを通じて世界中に拡散され、衝撃を与えました。これらの三つは、まさに国際秩序そのものへの衝撃といえるでしょう。》

以上三つの衝撃はすべて〝台湾有事の衝撃〟となる。

①ウクライナ戦争と同様に、中国の台湾侵攻は国際秩序の根幹を揺るがす。

②台湾有事はエスカレーションの可能性をはらむ。

③非人道的な行為を避けがたい。

右の座談会で語られた以下の指摘も注目に値する。まず、山添博史・主任研究官（米欧ロシア研究室）が、こう述べる。

《ロシアの合理性には疑問符がつきます。ウクライナ軍の反応やロシア軍の状況などを十分に考慮できず、損得勘定よりも「ウクライナをどうしたいのか」という願望に沿って行動しているように思えます。（中略）結果的に相手側の結束を強化させています。これが私の考えるロシアの「非合理性」の中核であり、西側諸国の結束の強化は、おそらく衝撃としてロシアの指導者に受け止められていると思います。》

そのとおりだが、残念ながら日本のマスメディアは、右の山添主任研究官が出演する番組を含め、損得勘定でしか、ものを見ない。考えない。私に言わせれば、安全保障は感情で動く。なのに、日本のメディア（とくにテレビ）はいつも数字を並べたて、「損得勘定」から憶測を語る。だから常に予測を間違える。

❖台湾有事でも同じことが起きる

台湾有事でも必ず、そうなる。ウクライナへの侵攻直後、戦車や戦闘機の数だけで、ロシアとウクライナの「戦力比」を報じ、ウクライナの首都キーウを、平気でロシア式に「キエフ」と連呼しながら、「7日か10日で陥落する」と予測（?）したように……。

山添は、こうも語る。

《ロシアがこの状況下で財政的に耐えることができるのか、いつまで戦闘行為を継続できるのかを読み解く事は難しい。ただ、このウクライナ戦争の出口という文脈でいうと、どのような状況であってもプーチン大統領は負けを認めず、国民が貧することになったとしても制裁に耐え続けるように思われます。》

ならば、こうも言えよう。

「中国がこの状況下で財政的に耐えることができるのか、いつまで戦闘行為を継続できるのかを読み解く事は難しい。ただ、この台湾有事の出口という文脈でいうと、どのような状況であっても習近平主席は負けを認めず、国民が貧することになったとしても制裁に耐え続けるように思われます」

座談会での右発言に続く、佐竹知彦・主任研究官の指摘にも注目したい。

《一概に何が合理的かという議論はできないと思います。重要なことは、我々の持つ「常識」や「価値」で相手国の行動を推し量るべきではないということではないでしょうか。二〇〇〇年代までは、多くの論者や専門家が中国はリベラルな国際秩序に組み込まれる、それが中国にとっても合理的だ、と言っていましたが、残念ながらこんにちの中国はそれとは真

逆の方向に進みつつある。そこには、我々の考える「合理性」や単純な損得勘定を越えた問題が潜んでいるように思います。》

そのとおりではないだろうか。なのに、なぜか、こうした指摘が少ない。それどころか、我々の持つ「常識」や「価値」で中国の行動を推し量る「報道」や論説が、いまだに後を絶たない。中台関係には、我々の考える「合理性」や単純な損得勘定を越えた問題が潜んでいるにもかかわらず、いまだに主要メディアは台湾有事のリスクを過小評価している。

❖『ウクライナ戦争はなぜ終わらないのか』

そこで以下、話題の新刊『ウクライナ戦争はなぜ終わらないのか　デジタル時代の総力戦』（高橋杉雄編著・文春新書）を借りたい。編著者は「まえがき」にこう記す。

《本書は、筆者だけでなく、福田潤一氏、福島康仁氏、大澤淳氏によるもので、もともとは笹川平和財団で行っていた「新領域における抑止の在り方」事業での研究成果を出発点にしている。（中略）本書はその議論の成果をベースにした上で、「次の戦争」になる可能性がないとは言い切れない台湾海峡有事との関連で読みとれることを論じたものである。》

以下、その「台湾海峡有事との関連で読みとれること」に的を絞ろう。編著者は「第1

章　ロシア・ウクライナ戦争はなぜ始まったのか」で、こう指摘する。なお、以下に登場する「ＱＤＲ」とは、米国防長官が行なう「４年ごとの国防計画の見直し」（防衛白書）を指す。

《２０１４年3月4日に公表された２０１４年版ＱＤＲでは、「米国はヨーロッパの平和と繁栄を達成するために努力し続けるし、その目的を支援するためにロシアに建設的に関与し続ける」と記述されている。これは第2期オバマ政権期に策定された戦略文書だが、この時点でもロシアとの協力が前提とされていたことが見てとれる。

しかし、このＱＤＲが発表された文字通りの直後にクリミア併合が行われる。ロシアがクリミア併合条約に署名したのは実に２０１４年版ＱＤＲが公表されてわずか2週間後の3月18日である。》

つまり、米オバマ政権が、ロシアとの協力を前提に、「米国はヨーロッパの平和と繁栄を達成するために（中略）ロシアに建設的に関与し続ける」と公言した直後に、ロシアはクリミア（ウクライナ）を併合した。

以上の責任は、オバマ政権を副大統領として担った現在のバイデン大統領も負っている。対中政策において、同様の失敗を繰り返すことは許されない。たとえば、次のようなアナロジーはどうか。

……米バイデン政権が、中国との協力を前提に、「米国は東アジアの平和と繁栄を達成するために努力し続けるし、その目的を支援するために、中国に建設的に関与し続ける」と公言した直後に、中国が台湾を併合する……。

そう考えれば、以上の〝ウクライナの教訓〟が持つ意義は死活的に重い。

❖かくて歴史は韻を踏んだ

ここでいったん、時計の針を10年前に戻そう。イギリスの高級誌『エコノミスト』（2013年8月31日号）が、アメリカのシリア攻撃（の可能性とその代替案）を巡り、こんな見出しの記事を載せた。

「Global cop, like it or not」（好むと好まざるとにかかわらず、世界の警察官）

『エコノミスト』にこう言われたから、ではあるまいが、二〇一三年九月十日、当時のオバマ米大統領がシリア問題に関する米国民へのテレビ演説で「アメリカは世界の警察官ではない」（America is not the world's policeman.）と明言し、世界に大きな衝撃を与えた。

オバマ演説の中身を振り返ってみよう。

「8月21日、事態は大きく変化しました。アサド政権が何百人もの子どもを含む1000人以上の人々に毒ガスを浴びせ、殺害したのです」、「シリアで化学兵器が使われたことについて異論を唱える人はいません」、「(この攻撃には）アサド政権が関与したことがわかっています」（米大使館訳・以下同）

オバマ大統領は、二〇一三年八月の時点で「シリアにおける化学兵器の使用はレッド・ライン」と明言していた。「レッド・ライン」（赤い線）とは「最後の防衛ライン」や「譲歩の限界」を差す言葉である（『リーダーズ英和辞典』）。

要は、越えてはならない一線であり、「これ以上は譲歩できない。そこから先は交渉の余地がない」というラインである。アメリカの大統領が使えば、その先の米軍事介入を強く示唆する表現となる。

そこで、オバマ大統領がこう演説した。

「熟慮を重ねた結果、アサド政権の化学兵器の使用に限定的な軍事攻撃で対処することが米国の安全保障上の利益にかなうと、私は判断しました。この攻撃をするとすれば、その目的は、アサド大統領の化学兵器の使用を抑止し、同政権の化学兵器使用能力を弱め、その使用を認めないことを世界にはっきりと示すことです。／これは軍の最高司令官としての私の判断です」

だが結局、アメリカ軍は「限定的な軍事攻撃」を実施しなかった。その理由も演説で明かされていた。

「しかし同時に、私は世界で最も古い立憲民主主義国の大統領です。ですから、たとえ私に軍事攻撃を命じる権限があるとしても、米国の安全保障に直接的あるいは切迫した脅威がない場合には、この問題を連邦議会での議論に付すことが正しいと考えました。大統領が連邦議会の支持を得て行動するとき、米国の民主主義はより強固になると考えます。そして我々が結束するとき、米国は国外でより効果的に行動できると考えます。」

案の定、連邦議会で反対論や慎重論が続出し、結局「連邦議会の支持を得て行動」できなかった。

オバマ大統領は、同年八月三十一日にも「軍事行動に踏み切るべきだと決断した」と明言し、「地上部隊は派遣せず、短期間の限定的な作戦になる」と述べ、「議会の承認を求める」との表現で、連邦議会が再開される九月九日以降に承認を求めていく姿勢を示していた。八月末の時点で、シリアへの攻撃に踏み切る決断をしたと明言しておきながら、その舌の根も乾かぬ九月十日、前言を翻すようにして矛(ほこ)を収めた。

結局、軍事行動は見送られた。戦争が回避されたと肯定的に評価することも可能だが、アメリカ大統領の重大な決断が実行されなかったとも言える。詳しい経緯や日本への教訓は、拙著『日本人が知らない安全保障学』（中公新書ラクレ）に委ねるが、要は、オバマ政権が

「渡りに船」と、ロシアの提案（シリアに化学兵器を廃棄させ、国際的に管理するためのプロセス）に乗った結果である。

改めて指摘するまでもないが、当時のアメリカ副大統領はバイデン（現在の米大統領）である。島田洋一教授（福井県立大学・現在は名誉教授）の旧ツイート投稿を借りよう。

「オバマ政権が、シリアの独裁者アサドが化学兵器を使えば一線を超えると宣言しながら全く動かなかった翌年、プーチンはクリミア併合を実行した。／バイデン政権がアフガニスタンから潰走した翌年、プーチンはウクライナ侵略を敢行した。／偶然と見るなら、歴史から何の教訓も得ないことになろう」（2023年3月8日）

やはり「歴史は繰り返さないが、韻を踏む」（マーク・トウェイン）。肝に銘じたい。

❖「安定性・不安定性のパラドックス」

改めて、前掲著『ウクライナ戦争はなぜ終わらないのか』を借りよう。以下、福田潤一・主任研究員（笹川平和財団）による「第2章　ロシア・ウクライナ戦争——その抑止破綻から台湾海峡有事に何を学べるか」に注目していきたい。

福田研究員は、このなかで、《戦略レベルの安定性がかえってそれ以外のレベルの不安定性を惹起してしまうというこの逆説は「安定性・不安定性のパラドックス」として知られるが、ウクライナで起こったことがまさにこの逆説であった。》と指摘しつつ、こう述べる。

《結局のところ、「安定性・不安定性のパラドックス」の問題は残り続けており、米欧がロシアとの核エスカレーション回避に拘り続ける限り、例えばロシア領内やクリミア半島への本格的反抗のような、ロシア側の一線を越えると思われるウクライナ側の行動への支援には、引き続き躊躇せざるを得ないであろう。》

なるほど、米中間における「戦略レベルの安定性」は重要である。しかし、それが「かえってそれ以外のレベルの不安定性を惹起してしまう」。この「安定性・不安定性のパラドックス」という「逆説」は、台湾有事でも起こり得よう。

たとえば、以下のように。

……結局のところ、「安定性・不安定性のパラドックス」の問題は残り続けており、米国が中国との核エスカレーション回避に拘り続ける限り、例えば中国領内への本格的反抗のような、中国側の一線を越えると思われる台湾側の行動への支援には、引き続き躊躇せざるを得ないであろう……。

いかがであろうか。連日メディアが伝えるウクライナの惨状を思い出すまでもない。私には、そうした未来の悲惨な光景が、くっきりと目に浮かぶ。

以下の事実関係が持つ意味も重い。

《バイデン大統領は（二〇二一年・潮補注）12月8日に、仮にロシアがウクライナに侵攻しても米軍の派遣は「テーブルの上にない」として選択肢を明確に排除した。彼はロシアによる本格的侵攻後の3月11日にも「米国とロシアの直接対決は第三次世界大戦になる」と述べて、米軍派遣を否定する立場を繰り返した。》

広く知られたとおり、アメリカ連邦政府は、台湾問題に関して、いわゆる「あいまい戦略」を採っている。

ところが、昨二〇二二年の日米共同記者会見で、記者から「台湾防衛のため軍事的関与の用意はあるか」と聞かれたバイデン大統領は「イエス」と即答した。驚いた記者が「あるんですね」と念を押したところ、バイデン大統領は「それがわれわれのコミットメントだ」と明言。大きな波紋を呼んだ。

当時、ＮＨＫニュースをはじめ、日本のメディアは、このバイデン発言を「失言」と断じたが、もし彼らの解釈が正しいなら、あるいは、中国当局もそう考えたなら、どうなるか。少なくとも中国にとって、台湾侵攻へのハードルは低くなる。

❖本当に「失言」だったのか？

かくして、中国が武力で台湾統一を図ろうとした場合、アメリカはどう対応するか。アメリカは軍事介入するかも知れないし、しないかも知れない。……そこを、あえて「あいまい」にしておく。それが「あいまい戦略」である。

たしかに、米中が国交を正常化した一九七九年に制定された米「台湾関係法」は、「平和手段以外で台湾の将来を決定しようとする試みは、いかなるものであれ、地域の平和と安全に対する脅威だ」と明記する、加えて、台湾への兵器供与や、アメリカが台湾侵攻に対抗できる能力を維持することなどが盛り込まれているが、肝心の、アメリカによる台湾の防衛義務は明記されていない。

こう考えてみてほしい。もし万一、バイデン大統領が、中国が台湾に侵攻しても米軍の派遣は「テーブルの上にない」として選択肢を明確に排除したら、どうなるか。「米国と中国の直接対決は第三次世界大戦になる」と述べて、米軍派遣を否定する立場を繰り返したら、どうなるかを……。

そう考えれば、右のバイデン発言が持つ重大な意味が御理解いただけよう。単なる「失言」と受け止めるのは当を得ない。バイデンが使った英語「コミットメント（commitment）」には様々な意味があり、訳しづらいが、「言質を与えること」、「公約」、「誓約」、「約束」ないし「公約したことによる拘束」、「責任」や「（カネや時間、要員などの）投入」、「積極的関与」などを意味する。

要するに、責任をもって関わる、その意思表示である。なかには「義務」の訳語を与える辞書もあるが、法的義務を意味する言葉ではない。

歴代政権の「あいまい戦略」や「台湾関係法」に配慮しつつ、台湾を防衛する「義務」があるとは言わず、あえて「コミットメント」という表現で、中国を牽制した。けっして「失言」ではない。少なくとも私はそう考える。

昨年、ウクライナへの侵攻直前まで、アメリカは、積極的に機密情報（インテリジェンス）を公開し、「探知による抑止」を図った。この取り組みについても、前掲著で福田研究員はこう注意を促す。

《確信的な現状変革の決意を固めた相手に対して、それだけでは有効でなかったと結論すべきである。状況把握の取り組みに加えて、物理的な対抗手段の手当なくしては、やはり侵攻の抑止そのものは図れなかったのである。》

事実そのとおりであり、この点も、以下のとおり、台湾有事へのアナロジー（類推）が当てはまる。

ロシアのプーチン大統領であれ、中国の習近平主席であれ、確信的な現状変革の決意を固めた相手に対しては、「探知による抑止」だけでは効かない。物理的な対抗手段の手当なくしては、侵攻の抑止は図れない。

加えて、現在も続く経済制裁についても、福田研究員は「長期的には相手への強制手段として意味を持ち得るものの、短期的な足元の状況を左右する即効性はない」と指摘する。中国にも、きっと同じことが言えよう。先の「探知による抑止」に加え、これも重要な〝ウクライナの教訓〟ではないだろうか。

❖対中抑止が破綻する可能性は高い

昨二〇二二年のダボス会議（世界経済フォーラム年次総会）で、ウクライナのクレバ外相が、キッシンジャー元米国務長官と論争し、関係者の話題を集めた。

なかでも、クレバ外相が「（クリミア半島侵攻が起きた）二〇一四年から主要国が使ってきた『譲歩せよ、されば戦争は防げる』という戦略は失敗した」と発言したことが注目を浴びた。福田研究員は、この発言を踏まえながら、「台湾海峡有事への含意」との見出しのもと、こう述べる。

《最初の含意としては、台湾海峡有事もウクライナ戦争と同様に「力に基づく一方的な現状変革」となる可能性が高いことである。（中略）

第二に、中国においてもロシアと同様に、習近平個人の意思が中国の国家意思として体現される可能性が高いことである。（中略）

第三に、中国も全般的な国際関係が中国にとっての現状変革に有利と認識している可能性が高いことである。（中略）

第四に、核を含む戦略兵器のバランスは、今後中国の現状変革に有利になる可能性が高いことである。（中略）

第五に、現地の軍事バランスはますます中国有利に変化していくことである。（中略）

第六に、「探知による抑止」が機能しない可能性が高いことである。（中略）

第七に、経済制裁の脅しによる対中抑止は望み薄ということである。（中略）

そして最後に、ウクライナの場合と同様に、台湾海峡有事においても、ひとたび抑止が破綻すれば「戦争の終わらせ方」は難問になると思われる。》

最初から最後まで、すべて、そのとおりではないだろうか。

あえて以上に加えるなら、台湾海峡有事もウクライナ戦争と同様、国連安保理で拒否権を持つ常任理事国による武力侵攻となる、という事実が持つ「含意」であろう。

まさに現在そうなっているように、そのとき、国連の安全保障理事会は機能しなくなる。常任理事国の中国（やロシア）が「拒否権」を行使するからである。残念ながら、国連憲章を含む国際法に期待しても叶わない。

福田主任研究員は、前掲著の第2章をこう結ぶ。

《以上のように、ウクライナ戦争の抑止破綻から得られる知見は、台湾海峡有事にも一定の含意を持つと考えられる。それらの含意が示すのは、ウクライナで抑止破綻を導いた要因は台湾海峡にも存在しており、実際に抑止の破綻が起こる可能性が無視できないということである。これを防ぐには、ウクライナでの抑止破綻の事例を教訓に、現状維持勢力としての抑止の強化に努めるほかないであろう。（中略）確信的な現状変革の意図を持つ相手に対しては、やはり物理的手段での対抗措置を採るほかないであろう。》

なんら異論を覚えない。

❖「過ちは繰り返しませぬ」という呪文

だが、残念ながら、こうした知見が活かされた形跡が見られない。げんに今年の夏も、日本のメディア（とくにテレビ）は、「太平洋戦争」の悲惨さを繰り返しながら、一つ覚えのように「過ちは繰り返しませぬ（ん）」との呪文を唱えた。

なかでも、今年八月十八日放送のＮＨＫニュース「おはよう日本」にいたっては、広島の「原爆慰霊碑」に刻まれた「碑文に込められた思い」を特集したあげく、女性ＭＣが「多くの人がこの言葉に触れて、戦争の愚かさや、平和の意味について考えるきっかけになれば、いいですね」と特集コーナーを締めた。

失礼ながら大多数の日本人が、とくに疑問や違和感を覚えることもなく番組を視聴したに違いない。なかには「過ち」を犯した主体は誰なのか（本当に日本なのか）、という古典的な論点を想起した方もおられよう。

たしかに、その問題も避けては通れないが、その点は先達の業績に席を譲り、ここでは別の論点を掲げたい。

この際、あえてポレミック（論争的・挑発的）に問う。一つ覚えのように「過ちは繰り返しませぬ（ん）」と呪文を唱えたら、それで願いが叶うのか。日本の公共放送以下、みな本当にそう考えているなら、典型的なオカルト宗教である。あえて名付けるなら、反戦反核平和教とでも呼ぶべきか。

反核の問題は第７章で後述することとし、ここでは、より根本的な問題に論点を絞ろう。

本来なら、当たり前のことだが、人間は〝神〟ではない。誰しも過ちを犯す。いくら、努力を重ねても、その〝原罪〟からけっして逃れられない。だから人は〝赦し〟を求め、神に祈る。もし本気で、「過ちは繰り返しませぬ（ん）」と誓うなら、それこそ傲慢不遜な態度ではないだろうか。あっさり言えば、神への冒瀆に等しい。

もし、多くの人が原爆慰霊碑の言葉に触れて、戦争の愚かさや、平和の意味について考えたとしても、けっして戦争はなくならない。

そもそも、人間は（もちろん私を含めて）愚かな生き物である。たとえ、全人類が「戦争の愚かさ」を知ったとしても、けっして戦争はなくならない。この世に永遠の平和はない。あるなら、そこは地上ではなく、きっと〝神の国〟（天国）である。

だが、残念ながら、戦後日本には、反戦反核平和教とでも呼ぶべきオカルト宗教が全国津々浦々に至るまで流布している。いわゆる統一教会問題を上から目線で語れる日本人など、どれほどいるのだろうか。

この番組の放送日にも、ウクライナでは目を覆うばかりの惨状が各地で発生した。

だが、この番組に限らず、今年の夏、公共放送がウクライナに割いた時間は極端に短かった。多くの時間を「太平洋戦争」の悲惨さと、広島・長崎に割いた。昨年もそうだった。きっと来年もそうなるに違いない。

私なら、傲慢不遜な原爆慰霊碑などではなく、ウクライナ情勢を報じ、「多くの人がこの映像を見て、戦争の愚かさや、平和の意味について考えるきっかけになれば、いいですね」とでもコメントしたであろう。今年も、暑苦しい夏が無為に終わった。

❖台湾有事は「終わらない戦争」となる

話を前掲著に戻そう。以下やや専門的にわたるが、重要な論点なので、短く紹介したい。第3章「宇宙領域からみたロシア・ウクライナ戦争」で、福島康仁・主任研究員（防衛研究所）は、こう指摘する。

《中国はすでにロシアを抜いて米国に次ぐ数の衛星を保有・運用している。（中略）さらに、中国は世界最高水準の対宇宙能力を有している。》

このことは、台湾有事の趨勢を考える上で、重要な意味を持つ。事実、福島研究員は続けて、「（台湾）有事が起きた場合、中国はロシア・ウクライナ戦争でのロシアよりも活発に宇宙システムへの攻撃を行うことを想定しなければならない」とも警鐘を鳴らす（丸括弧は潮の補記）。

また、同書の終章「日本人が考えるべきこと」（高橋杉雄）も、こう指摘する。

《現在、中国の戦闘機や水上艦艇の数は、米国に対して約7割のレベルに達している。これを大まかに10対7としてみよう。これは一見、米国優位の状況に見えるが、実際は異なる。米軍はすべてがこの地域にいるわけではないからである。／仮に米軍全体の半分がアジアに展開しているとすれば、比率は実際には5対7となる。つまり中国が優位なのである。》

わかりやすさを優先して言えば、中国は、海においても、空においても、すでに対米優位であり、宇宙においても世界最高水準の能力を有している。以上の事実は、台湾有事の趨勢を考える上で、決定的な意味を持つ。以下の指摘も重要である。

《なんと言っても、ロシア・ウクライナ戦争が示す教訓の最大のものは、戦争は、いったん始まってしまうと終わらせるのが難しいことであろう。（中略）特に、「落とし所」が存在しないアイデンティティを巡る戦争において、これははっきりと言える。（中略）台湾海峡有事もまた、それが起こってしまったら、「中華人民共和国とは分かれている現状の継続」を望む台湾と、「中華人民共和国に台湾を名実ともに組み込む」ことを狙う中国とのアイデンティティを巡る戦争になってしまう。》

石橋湛山賞に輝く名著『戦争はいかに終結したか』（中公新書）の著者でもある千々和泰明（ちぢわやすあき）・主任研究員（防衛研究所）も、最近の論考「歴史に学ぶ『有事の出口戦略』の論じ方――朝鮮・台湾有事の出口シナリオ、ふまえるべき太平洋戦争の失敗」で、こう指摘する。

《台湾有事では中国の体制打倒は不可能と考えられ、何らかの「妥協的和平」が目指されるが、甚大な「現在の犠牲」が避けられない上に台湾の「国家性」をめぐる政治的制約も浮上しよう。これらの過酷な現実を前にする時、日本が太平洋戦争のガバナンス欠如を繰り返すことは許されない。》

千々和研究員がいう、台湾の「国家性」をめぐる政治的制約とは、たとえば「台湾の『国家性』を認めるかたちで、日本、もしくは日米両国が、台湾を守る集団的自衛権の行使として台湾有事に介入すれば、有事の出口にあたり、そのことを前提とした内容の休戦を中国側が受け入れることはきわめて困難になる」という制約である。

お二人が指摘するとおり、台湾有事は「終わらない戦争」となる。けっして始めさせてはならない。

最後に改めて、前掲著の終章「日本人が考えるべきこと」（高橋杉雄）の指摘を借りよう。

《そう考えると、やはり大切なのは、「戦争を始めさせない」ことであることがはっきりとわかる。現在のパワーバランスで、台湾の方から戦争を仕掛けることはあり得ないから、台湾海峡有事について言えば、これは中国に「戦争を始めさせない」ことを意味する。そのために不可欠なのが、軍事的な抑止力の強化である。》

それこそ、まさに「日本人が考えるべきこと」ではないだろうか。

第 3 章

本当に「台湾有事は日本有事」なのか

2023年2月15日、衆議院予算委員会での質問前に岸田文雄首相(右)と話をする石破茂元幹事長[写真提供:時事通信フォト]

❖台湾有事シミュレーションで「総理」が悩んだこと

二〇二三年七月十五日、一般社団法人「日本戦略研究フォーラム」が、台湾や尖閣諸島（沖縄県石垣市）での有事を想定したシミュレーションを都内で開催した。首相役を務めた小野寺五典・元防衛相ら国会議員10人に加え、元将官を含む政府高官ＯＢ、米連邦政府職員ＯＢらに加え、この日は台湾のシンクタンク関係者も初参加した。

シミュレーションを通して、サイバー攻撃や偽情報などの前哨戦から始まる有事発生に対し、閣僚役の議員が対応することで課題を探ったという。翌日付「産経新聞」朝刊が詳しく報じたのに加え、同年七月十六日放送のフジテレビ「日曜報道」が当日の模様を映像とともに報じた。

それら報道によると、シミュレーションは、昨年改定された「安保3文書」に基づき5年間の防衛力強化が完了したとの仮定に基づき、二〇二七年一月、中台情勢が緊迫化し、尖閣へ中国漁船が「機関故障による漂着」を名目に上陸し、中国海警局船に護送された浚渫(しゅんせつ)船10隻が埋め立て作業を始めた、との想定で行われた。

この「二〇二七年一月」という設定は、第1章で述べた、米ＣＩＡ（中央情報局）のバーンズ長官が講演のなかで明かした、「二〇二七年までに台湾侵攻を成功させる準備を整えるよう、習近平主席が人民解放軍に指示した」との情報などを意識したものであろう。

当時の「関係閣僚」が「国家安全保障会議」で協議するなか、中国海警船の発砲により、海保巡視船の乗員（保安官）が多数死傷との状況が伝えられた。

ところが、「海上保安庁長官」（役を務めた奥島高弘・元海保長官）が、「海上保安庁で対処できます」と断言してしまった。これを受け、（海保を所管する）「国土交通相」が「軍事的手段で解決しないという国家意思を示す」として、海上自衛隊ではなく海上保安庁で対応可能との考えを示した。

残念ながら、実際ありそうな展開である（前掲拙著『ウクライナの教訓』）。しかも、この日の「日本政府」は武力攻撃予測事態の認定すら躊躇した。

シミュレーションでは、台湾周辺で中国軍のミサイル演習や中国軍機の中間線越えが激増し、台湾が「非常事態宣言」を発令したとも想定。台湾から船による避難者が多数生じるなかで、どう入国管理を行なうべきかが問題となった。

また、自衛隊の部隊展開をスムーズにすべく「事態認定」を行うと、民間の航空機・船舶による避難輸送が難しくなるなどの課題が浮かび上がった。

翌朝放送のフジテレビ「日曜報道」には、総理役を務めた小野寺五典・元防衛相がスタジオ出演し、当日のシミュレーションで、日米間の「事前協議」が課題となった経緯を明かしながら、「おそらく実際の状況になって、日本の総理大臣がいちばん悩むのは、この（安保条約）六条によって日本の米軍基地を使わせる判断、これが重いと思います」と述べた。

そのとおり。本来なら当たり前だが、台湾有事は日本有事（日米安保5条事態）ではなく、極東有事（同6条事態）である。この論点についても、前掲拙著で詳論したが、残念ながら、いまなお理解が浸透していない。本書における重要な論点なので、その趣旨を再論させていただくことを、お許し願う。

❖本当に「台湾有事は日本有事」か

二〇二一年十二月一日、台湾の民間シンクタンクが主催したシンポジウムに日本からオンライン参加した安倍晋三・元首相が基調講演で、こう語った。

「尖閣諸島や与那国島は、台湾から離れていない。台湾への武力侵攻は日本に対する重大な危険を引き起こす。台湾有事は日本有事であり、日米同盟の有事でもある。この点の認識を習近平主席は断じて見誤るべきではない」

兼原信克教授（同志社大学）も指摘するとおり、「台湾有事は高い確率で日本有事となる可能性がある」。「与那国、尖閣、石垣、西表、宮古などの美しい島々からなる先島諸島は、沖縄本島から300キロ以上離れた群島であり、むしろ台湾島に近い。最西端の与那国は台湾島までわずか100キロ余りの距離である。（中略）与那国、石垣、宮古の各島には陸上自衛隊が基地を開いている。中国が、米国と同盟している日本の自衛隊基地を予め無力化したいと考えることはあり得る。最悪の場合、中国兵が上陸してくることもあり得るであろう」。

ただ、こうした議論が「台湾有事は日本有事」と切り取られ、流布している現状には疑問も覚える。なぜなら、少なくとも法的には、台湾有事は極東有事であり、必ずしも日本有事とはならないからである。

日米安全保障条約上、日本有事とは、日米両国が「日本国の施政の下にある領域における、いずれか一方に対する武力攻撃が、自国の平和及び安全を危うくするものであることを認め、自国の憲法上の規定及び手続に従つて共通の危険に対処するように行動することを宣言」した第5条が適用される事態を指す（いわゆる5条事態）。

先島諸島に「中国兵が上陸してくる」ような「最悪の場合」（兼原）は当然、日米安保条約第5条が適用される日本有事となる。第5条は、米国の対日防衛義務を定めた中核的な規定であり、「我が国の施政の下にある領域に対する武力攻撃が発生した場合には、両国が共同して日本防衛に当たる旨規定している」（外務省）。

だが、そうでない場合、すなわち人民解放軍（中国軍）が「日本国の施政の下にある領域に対する武力攻撃」を控えた場合は、日本有事とはならない。そうした、いわば純然たる台湾有事は、日米安保条約第6条が規定する極東有事となる（いわゆる6条事態）。

❖台湾有事は極東有事である

周知のとおり、第6条前段は「日本国の安全に寄与し、並びに極東における国際の平和及び安全の維持に寄与するため、アメリカ合衆国は、その陸軍、空軍及び海軍が日本国において施設及び区域を使用することを許される」と規定する。

この「極東」とは「大体において、フィリピン以北並びに日本及びその周辺の地域であって、韓国及び中華民国の支配下にある地域（「台湾地域」・潮注）も含む（昭和35年2月26日「政府統一見解」）。

第6条は後段で、その「施設・区域の使用に関連する具体的事項及び我が国における駐留米軍の法的地位に関しては、日米間の別個の協定（いわゆる日米地位協定・潮注）によるべき旨を定めている」（外務省）。

加えて「条約第6条の実施に関する交換公文」（いわゆる「岸・ハーター交換公文」）が存在する。この交換公文は、以下の三つの事項に関して、我が国の領域内にある米軍が、我が国の意思に反して一方的な行動をとることがないよう、米国政府が日本政府に事前に協議することを義務づけた（政府統一見解）。

米軍の我が国への配置における重要な変更（陸上部隊の場合は一個師団程度、空軍の場合はこれに相当するもの、海軍の場合は、一機動部隊程度の配置をいう。）。

我が国の領域内にある米軍の装備における重要な変更（核弾頭及び中・長距離ミサイルの持込み並びにそれらの基地の建設をいう。）。

我が国から行なわれる戦闘作戦行動（第5条に基づいて行なわれるものを除く。）のための基地としての日本国内の施設・区域の使用。

従って、純然たる台湾有事が発生した場合、たとえば在日米軍基地からの戦闘作戦行動について、米国政府は日本政府と事前に協議しなければならない。「この点については、（当時の・潮注）アイゼンハウァー大統領が岸総理大臣に対し、米国は事前協議に際し表明された日本国政府の意思に反して行動する意図のないことを保証している」（政府統一見解）。

「台湾有事は日本有事」という指摘は、日本国民に当事者意識を覚醒させるための議論としては傾聴に値する。だが、ロシアによるウクライナへの軍事侵攻が開始された2022年2月24日以降もなお「台湾有事は日本有事」と合唱している「保守」陣営には疑問を禁じ得ない。

なぜなら、げんにロシアが、NATO加盟国の「施政の下にある領域に対する武力攻撃」を控えているからである。同じ事情から、中国が「日本国の施政の下にある領域に対する武力攻撃」を控える可能性は否定できない。

なぜなら、もし中国が日本を攻撃すれば、自動的に5条事態となり、在日米軍基地からの戦闘作戦行動を含め、米軍は事前協議を経ず、自由に行動できるようになってしまうからである（だから「第5条に基づいて行なわれるものを除く。」と明記された）。

あわせて自衛隊に対する防衛出動も発令されるに違いない。つまり在日米軍と自衛隊を敵に回す羽目に陥る。私が中国の指導者なら、そうした愚かな選択はしない。私なら、在日米軍の戦闘作戦行動を事前協議で拒絶するよう、日本に迫る。そうしなければ、核兵器の使用もあり得ると脅す。げんにロシアがそうしているように……。

むろん以上を踏まえてなお、中国軍が日本を武力攻撃する可能性は残る。だからといって「台湾有事は日本有事」と合唱するだけでは、以上の問題点が見えなくなってしまう。

台湾有事は極東有事であり、必ずしも日本有事になるとは限らない。それもまた、〝ウクライナの教訓〟ではないだろうか。

❖朝鮮半島有事こそ日本有事

じつは、極東有事でありながらも、日本有事となる蓋然性が高いのは、台湾有事ではなく、朝鮮半島有事である。以下、その理由を述べる。

まず、一九六〇年一月六日付の「朝鮮議事録」（いわゆる「朝鮮密約」）の存在から指摘したい。この「朝鮮議事録」によると、当時の米マッカーサー駐日大使が「朝鮮半島では、米国の軍隊が直ちに日本から軍事戦闘作戦に着手しなければ、国連軍部隊は停戦協定に違反した武力攻撃を撃退できない事態が生じ得る。そのような例外的な緊急事態が生じた場合、日本における基地を作戦上使用することについて日本政府の見解をうかがいたい」と問いただし、藤山愛一郎外相が、「（以下が）日本政府の立場であることを岸総理からの許可を得て発言する」と、こう述べた。

「在韓国連軍に対する攻撃による緊急事態における例外的措置として、停戦協定の違反による攻撃に対して国連軍の反撃が可能となるように国連統一司令部の下にある在日米軍によって直ちに行う必要がある戦闘作戦行動のために日本の施設・区域を使用され得る（may be used）」

つまり、朝鮮半島有事における国連軍としての戦闘作戦行動は事前協議の対象としない、という密約である。以上の議事録は半世紀にわたり秘密にされてきた。たとえば二〇〇〇年八月、この密約について問われた宮澤喜一元首相は、「知りません。これは、『知らない』という返事しかありえないですね」、「外務省も知りません。これは『知らない』ということでなければならない。米国が勝手にどう言っているかは我々の知ることではない」と煙に巻いた（外岡秀俊、本田優、三浦俊章『日米同盟半世紀　安保と密約』朝日新聞社）。

それが二〇〇九年九月、岡田克也外相（当時）のリーダーシップのもと、外務省内に「密約」に関する調査チームが設置され、同年十一月に有識者委員会が発足（北岡伸一座長）。翌二〇一〇年三月九日、岡田外相に提出した報告書のなかで、安保改定時の核兵器持ち込みに関する「密約」と、沖縄返還時の原状回復補償費の肩代わりに関する「密約」について、それぞれ「広義の密約」と認定。安保改定時の朝鮮半島有事における戦闘作戦行動に関する「密約」（朝鮮密約）については「狭義の密約」に該当すると認定された。

なお、この議事録の効力について前出報告書は、「同議事録は、事実上失効したと見てよいであろう」とした一方、「議事録を未解決のままとし、正式に消滅させることはしない」

との米政府見解（一九七四年のリチャード・スナイダー国務次官補代理メモ）も引用されており、「今なおあいまいな部分が残ると考えておく方が無難であろう」。

そう論じた千々和泰明・主任研究官（防衛研究所・前出）の「若干戯画的な説明」を借りよう（『戦後日本の安全保障　日米同盟、憲法9条からNSCまで』中公新書）。

《仮に今北朝鮮が韓国を攻撃したとしよう。（中略）そこで北朝鮮攻撃のために、一機の米軍機が日本の基地から飛び立ったとしよう。

これに対し日本政府は、岸＝ハーター交換公文にもとづいて、「ちょっと待ちなさい！この米軍機の直接戦闘作戦行動は日本政府との事前協議の対象だ！」と制止することができる。するとこの米軍機は途中でいったん元いた日本の基地に引き返す。そして、機体にペタっと一枚のシールを貼る。（中略）「国連旗」のシールである。そのうえで、この米軍機は再度出撃する。（中略）たったこれだけのちがいで、この米軍機の直接戦闘作戦行動に対し、日本政府は今度は口出しできなくなるのである。》

❖誰も知らない国連軍地位協定

なぜ、「今度は口出しできなくなる」のか。それは、事前協議を定めた日米安保条約にもとづく地位協定とはべつに、国連軍地位協定が存在するからである。

朝鮮国連軍は一九五〇年六月二十五日の朝鮮戦争の勃発に伴い、同月二十七日の国連安保理決議第83号及び七月七日の同決議第84号に基づき、「武力攻撃を撃退し、かつ、この地域における国際の平和と安全を回復する」ことを目的として翌七月に創設された（同月、朝鮮国連軍司令部が東京に設立）。

さらに一九五三年七月の休戦協定成立を経て、一九五七年七月に朝鮮国連軍司令部が東京からソウルに移され、日本に朝鮮国連軍後方司令部が設立された（現在は横田飛行場）。この後方司令部には、豪空軍大佐他三名が常駐しているほか、九か国の駐在武官が連絡将校として在京各国大使館に常駐している。

一九五一年九月、日本政府は、いわゆる吉田・アチソン交換公文により、サンフランシスコ平和条約の効力発生後も朝鮮国連軍が日本国に滞在することを許し、かつ、容易にする義務を受諾した。一九五四年六月には、朝鮮国連軍が我が国に滞在する間の権利・義務その他の地位及び待遇を規定する「国連軍地位協定」が締結された。

この国連軍地位協定に基づき、朝鮮国連軍は、「日本国における施設（当該施設の運営のため必要な現存の設備、備品及び定着物を含む。）で、合同会議を通じて合意されるものを使用することができる」（第5条）。

また「合同会議を通じ日本国政府の同意を得て、日本国とアメリカ合衆国との間の安全保障条約に基づいてアメリカ合衆国の使用に供せられている施設及び区域を使用することができる」（同前）。

具体的には、キャンプ座間、横須賀海軍施設、佐世保海軍施設、横田飛行場、嘉手納飛行場、普天間飛行場、ホワイトビーチ地区の7か所の在日米軍施設・区域（基地）である。

当たり前だが、これら在日米軍基地からの「戦闘作戦行動」を、北朝鮮が見逃すはずがない。緒戦において弾道ミサイルなどで無力化を図るであろう。

そうなれば文字どおり「日本国の施政の下にある領域における、いずれか一方に対する武力攻撃」（安保条約第5条）であり、自動的に日本有事となる。

❖石破「演説」が総理に質した重要論点

誰がなんと言おうが、台湾有事ではなく、朝鮮半島有事こそ、日本有事である。

それでもなお一つ覚えのごとく「台湾有事は日本有事」と合唱する手合が少なくないが、前述した小野寺発言にみられるように、ようやく永田町でも理解が浸透してきた。

重ねて言えば、今年二月十五日の衆議院予算委員会で、石破茂委員（元防衛相・元自民党幹事長）が、岸田文雄総理にこう質した。

「私は、作戦というものを念頭に置いて、朝鮮半島と台湾と、起こる有事は全く違いますからね。（中略）台湾有事だけれども五条事態（日本有事・潮注記）にならないということはあり得るのです。朝鮮半島有事のときは朝鮮国連軍の地位協定が動くのです。事前協議の在り方が全く違うはずであります。作戦を念頭に置いた防衛力整備の体制というものが必要だというふうに考えております」（議事録より）

じつは、当の石破元防衛相から、「前掲著をもとに右の点を来週の予算委員会で総理に直接、質す」旨、事前にご連絡いただいていた。そうした経緯もあり、総理の答弁を中継放送で注視していたのだが、質問時間が長かったこともあり、岸田総理は「あと、残りにつきましては、ちょっと答弁、十分でなかったかもしれませんが、基本的に、冒頭委員からありました、今の時代の重要性、これを認識し、そして、先ほど申し上げました、総合安全保障の観点から我が国の防衛力を強化することは、今の時代に生きる我々にとって大きな責任であるということを強く痛感しながら、こうした取組を進めていきたいと考えております」と述べるに留まった。

右の「答弁」（?）もさることながら、各社の報道もいただけない。

この日、石破委員は約十年ぶりに予算委員会で質問に立った。そこで与えられた30分間のうちの、なんと25分を「質問」に割いた結果、岸田文雄首相の答弁機会はわずか1回だけ。議論を深めるというよりも、さながら石破氏の「演説」の様相となった（朝日新聞記事）。なかには「大半は〝演説〟」と揶揄しただけの新聞もある。

結局、私がみた範囲では、右朝日記事だけが以下のとおり報じた。

《石破氏は冒頭、手術したばかりの首相の体調を気遣ったうえでこう切り出した。「本会議形式になって恐縮だが、冒頭、私から思いを申し述べさせていただいて、総理にご答弁をまとめてお願いしたい」／一問一答の形式ではなく、代表質問のようにまとめて首相に聞くスタイルで行うことを「宣言」し、安全保障政策の質問を始めた。／石破氏は「台湾有事は日本有事というような思考をあまり簡単にすべきものではない」「軍事専門家たる自衛官が、国会においてきちんと証言ないしは答弁することが正しい立法府による文民統制のあり方だ」などと持論を展開。割り当てられた30分間のうち冒頭から約25分間話し続けた。》（傍線は潮）

右以外、誰ひとり右の質問に注目しなかったようである。これでは、右傍線部に注目した朝日読者を除き、先の質問自体なかったことにされたに等しい。答弁も質問もなかったというなら、幻の質疑ではないか。

先に明かした経緯もあり、公私にわたり落胆したが、複数の元防衛相が前掲拙著の問題認

識を共有するに至ったこと自体は喜ばしい

❖ フジテレビ「日曜報道」の出鱈目フリップ

とはいえ、手放しで喜ぶ気にはなれない。なぜなら、前出フジ「日曜報道」は、この日、「平和安全法制」の見出しで、上から「武力攻撃事態」、「武力攻撃予測事態」、「存立危機事態」、「重要影響事態」、「グレーゾーン事態」、「平時」の6つの「事態」（?）を掲げ、その左に、下から上へと「↑」を引いたフリップを掲げて、解説（?）したからである。

それを見た私は「フジテレビは相変わらず平和安全法制を理解していない」と、「X」（旧ツイッター）に投稿したが、案の定、暖簾（のれん）に腕押し。失礼ながら、大半の視聴者も理解していないとみた。

一般読者のため、「防衛白書」から引こう。「武力攻撃予測事態」とは、「武力攻撃事態には至っていないが、事態が緊迫し、武力攻撃が予測されるに至った事態」である。他方、「存立危機事態」とは、「わが国と密接な関係にある他国に対する武力攻撃が発生し、これによりわが国の存立が脅かされ、国民の生命、自由及び幸福追求の権利が根底から覆される明白な危険がある事態」である。

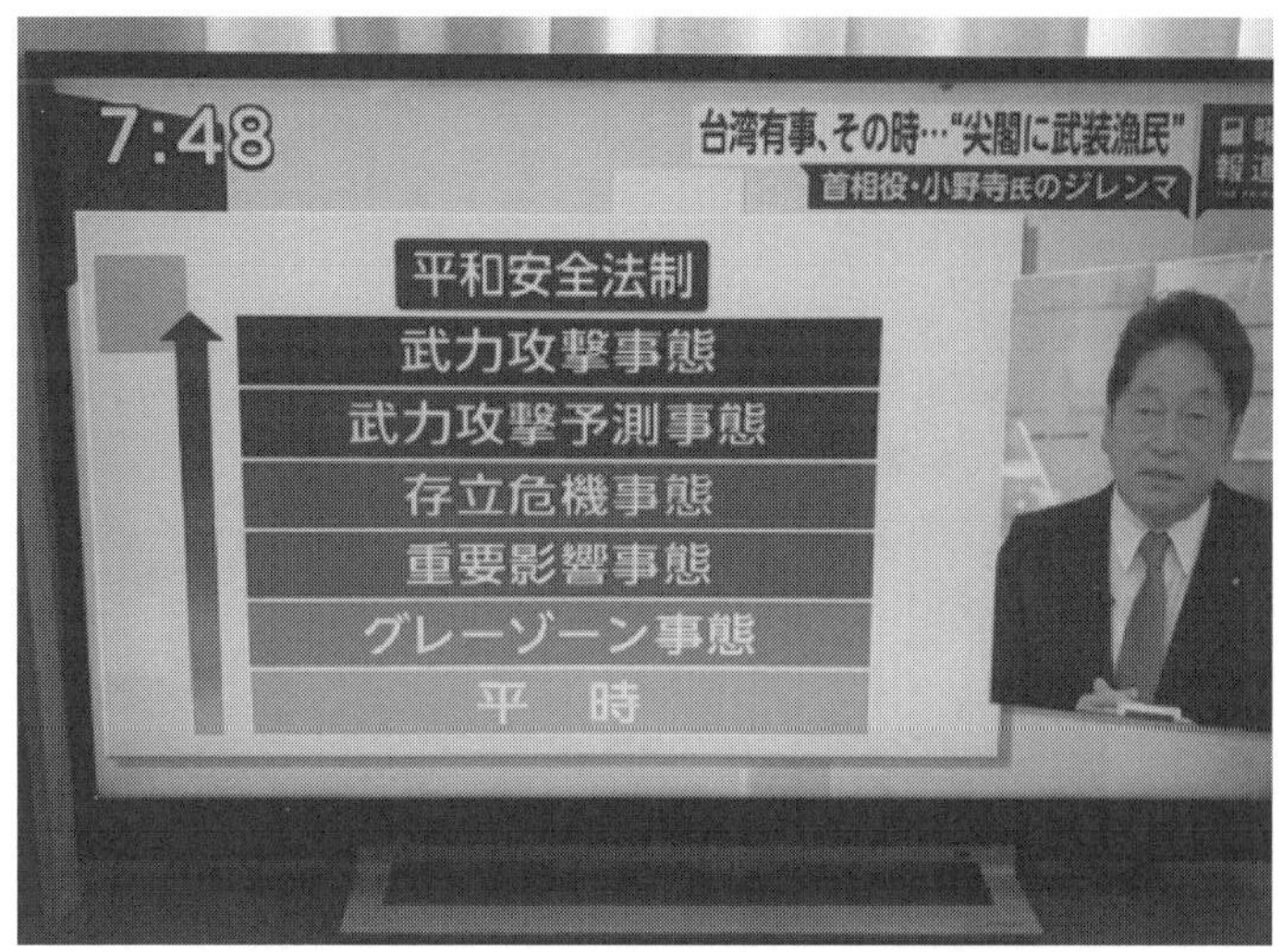

2023年7月16日、フジテレビ「日曜報道」

あえて「事態」の烈度（激しさ）で上下をつけるなら、フリップとは逆になろう。念のため補足すれば、「武力攻撃予測事態」では認められない自衛隊の防衛出動が「存立危機事態」では可能となる。さらに言えば、平和安全法制には、「グレーゾーン事態」とも「平時」とも書かれていない。いや、概念としては存在すると反論する向きもあろうが、平和安全法制は、いわゆるグレーゾーン事態に関して、なんら法整備していない。にもかかわらず、注釈なく明記するのは見識を欠く。

蛇足ながら、シミュレーションでは、大規模サイバー攻撃の発生も想定。「政府」は「国家安保会議」で、（攻撃元のサーバーに侵入して破壊措置を取る）「能動的サイバー防衛」（アクティブ・サイバー・ディフェンス）の発動を決定した。

ところが、上記フジ番組では、〝ご意見番〟の橋下徹が「僕は（アクティブ・サイバー・ディフェンスではなく）アクティブ・サイバー・オフェンスだと思う」と述べ、「サイバー（攻撃）に対して武力攻撃をやってよいのか」と批判。「ウクライナ侵攻のあの状況を見たときに、国会議員の状況を見ると、もうイケイケの話ばっかりが出てくるんですよ」（？）、「国民保護の議論が抜け落ちている」（？）とも批判（？）していた。

台湾有事シミュレーションを取り上げるというから、久しぶりに視聴したが、相変わらずの番組姿勢に心が折れた。この枠では、かつて竹村健一、堺屋太一、渡部昇一、谷沢永一の

「4ピン」ら錚々たる論客が活躍していたが、令和の今や、見る影もない……。

以上の趣旨を、言論プラットフォーム「アゴラ」に寄稿したのが、フジ制作陣の目に留まったのだろうか、右番組放送から三日後の七月十九日に放送されたBSフジ「プライムニュース」(『台湾有事と日本の防衛　想定シナリオ徹底検証　日米安保の落とし穴は』)でも、以下のフリップを掲げた。

❖蹉跌を踏んだBSフジ「プライムニュース」

左上には「中国〝台湾侵攻〟シナリオ　自衛隊の関与と日米安保」と書かれた番組のコーナータイトルが。右上には「各事態と自衛隊の対応」とのタイトル。表の右側には、前出のフジ「日曜報道」と同じように、矢印で下から上に向かって「深刻度　高」と表記されている。問題はタイトルの下に書かれた次の表だ。

表は、左上から赤色で「武力攻撃事態等」、次いでオレンジ色で「存立危機事態　緊密な関係にある他国が攻撃を受け日本の存立が脅かされる事態」、一番下に黄色で「重要影響事態」と書かれ、それぞれ「武力攻撃事態等」の右に「武力行使」と、「存立危機事態」の右に『機雷掃海　米軍装備の防護など』、「重要影響事態」の右に「米軍の後方支援（弾薬提供・給油など）」と書かれていた。

私が「アゴラ」で指摘したからか、フリップから「グレーゾーン事態」と「平時」は消えた。だが、それ以外は訂正された形跡がない。フジ報道陣は自分達が何を間違えたのか、まったく理解できていないのであろう。

改めて指弾する。「武力攻撃事態等」とは、法令上「武力攻撃事態及び武力攻撃予測事態をいう。以下同じ。」と定義されている。一般読者に向け、平易に説明すれば、「武力攻撃事態」だけではなく「武力攻撃予測事態」も含んでいる。だから「等」が付いている。

前述のとおり、「武力攻撃事態」と違い、「武力攻撃予測事態」では、自衛隊の防衛出動が認められない。つまり「武力行使」は許されていない。にもかかわらず、「武力攻撃事態等」の右に「武力行使」と書くのは、完全な間違いである。

いわゆる「あるべき論」でもなければ、見解が複数存在する法解釈論の類でもない。事実関係として間違っている。しかも許されない間違いである。

けっして重箱の隅を突いているわけではない。自衛隊にとって、いや、日本国にとって、武力行使の可否こそ、最も重大な問題であろう。この認識は、護憲改憲その他の立場にかかわらず、全員が共有できるはずだ。

その最重要ポイントで、こうして間違いを繰り返す。行使できないのに、行使できると繰

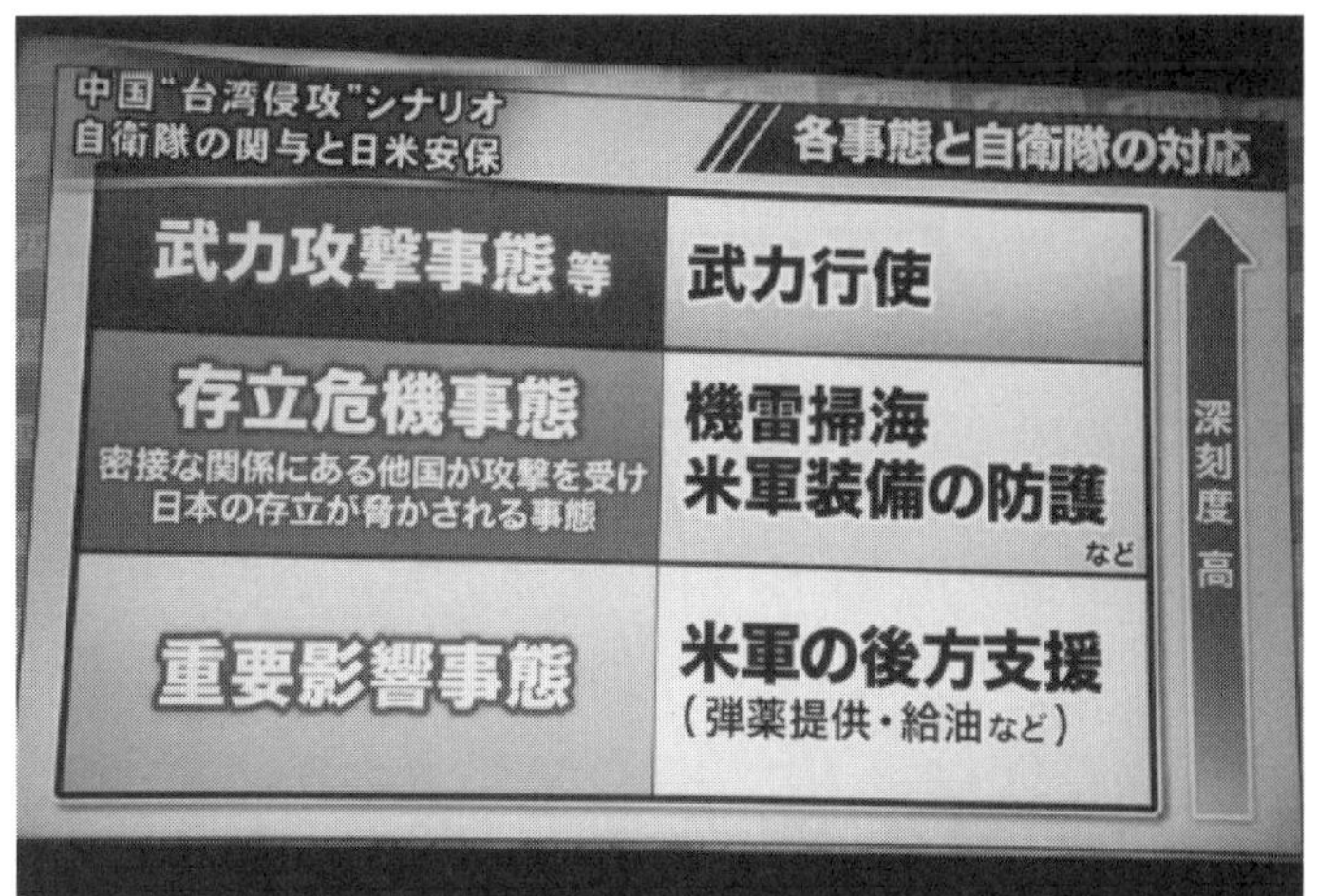

2023年7月19日、BSフジ「プライムニュース」

り返し報じて恥じない。

さらに言えば、右BSフジ「プライムニュース」のフリップは、「存立危機事態」を「緊密な関係にある他国が攻撃を受け日本の存立が脅かされる事態」と報じたが、前述のとおり正確には、「わが国と密接な関係にある他国に対する武力攻撃が発生し、これによりわが国の存立が脅かされ、国民の生命、自由及び幸福追求の権利が根底から覆される明白な危険がある事態」である。

果たして、「日本国民の生命が根底から覆される明白な危険がある事態」よりも、「深刻度」が「高」い「事態」など、あるのだろうか。

あえて「事態」の「深刻度」を比べるなら、法令上は「武力攻撃事態」を同列に並べてもよい。だが、「武力攻撃予測事態」を含む「武力攻撃事態等」が、「存立危機事態」の上に位置するなど、あり得ない。

結局、フジテレビ解説委員長（執行役員）を兼務する司会者も、防衛大臣経験者を含む出演者も、誰一人として間違いに気づくことなく番組は終了した。少なくとも報道番組としては、完全に終わっている。

❖日本は台湾のドラえもん？

今年七月二十七日、日本の自民党と台湾の与党・民進党は、外交・防衛分野を担当する議員による日台与党間「2＋2」会合を初めて日本で開催した。

台湾の与党・民進党の郭国文（かくこくぶん）・立法委員（国会議員）が自民党本部を訪れ、軍事的圧力を強める中国を念頭に、台湾を取り巻く情勢を、人気アニメ「ドラえもん」の登場人物に例えてこう訴え、助けを求めた。

「台湾の最近の情勢を見てみると、のび太と似ているような状況でドラえもんが必要です。日本は台湾のドラえもんだと思います」

その上で、「日本の助けが必要で、問題を解決して欲しいと常に望んでいる」、「台湾も日本のドラえもんになりたい」と日本との協力強化に期待を寄せた。

台湾の有力議員が日本に期待を寄せてくれるのは、一国民としても、誇らしく、ありがたい。ただ、日本を「ドラえもん」にたとえてくださるお気持ちは嬉しいが、正直、リップサービスが過ぎるのではないかと思う。

なるほど、たとえば海軍力や空軍力を、カタログ・ベースで比較すれば、そうした比喩が当てはまるかもしれない。では、防衛省関係者が「宇・サ・電」と略称で呼び、「新領域」とした「宇宙・サイバー・電磁波領域」では、どうか。

わかりやすい例はサイバー領域であろう。オードリー・タン大臣（デジタル担当）の活躍を引き合いに出すまでもなく、こうした領域における台湾政府の実力と実績は広く知られている。

ならば、日本政府はどうか。最近、発覚した実例を挙げよう。

二〇二三年八月七日、米紙「ワシントン・ポスト」が、複数の元米政府高官の証言をもとに、日本の防衛機密を扱うネットワークに中国軍のハッカーが侵入し、「深く、持続的にアクセスしていた」と報じた。

二〇二〇年秋、米国家安全保障局（NSA）が、中国軍による日本の防衛機密ネットワークへの侵入を探知。事態を重くみたポッティンジャー大統領副補佐官（国家安全保障担当）と、米サイバー軍司令官を兼務するナカソネNSA長官が訪日し、日本の防衛相と協議した。米側は「日本の近代史で最も大きな被害を与えるハッキングになった」と警告し、日本側は「不意を突かれた」状態だった。

元米軍高官は中国のハッキングについて、同紙に「衝撃的なほどひどいものだった」と証言した。日本の防衛計画や軍事能力、自衛隊の弱点の評価などあらゆる情報を対象にしていたが、複数の米当局者が、「日本側はこの問題がただ過ぎ去ることを望んでいた」と感じていたという。

同「ワシントン・ポスト」紙によると、米側は中国の攻撃を防ぐにはまだ対策が不十分とみており、今後の日米の情報共有を妨げる要因にもなると懸念している。オースティン米国防長官は日本側に「日本のネットワークの安全性が強化されなければ、高度な軍事作戦のためのデータ共有の強化が遅れる可能性がある」と伝えた。

❖ラ・フォンテーヌ『寓話』の教訓

また、米国は二〇二一年秋、「中国による攻撃の深刻さと、日本政府の取り組みがあまり進んでいないことを裏付ける新たな情報」を得た。米サイバー軍はサイバー攻撃の捜査で日本に支援を申し出たが、日本側は消極的だったという。

同じく二〇二三年八月には、日本政府の内閣サイバーセキュリティセンター（NISC）の電子メールシステムから、不正な通信が外部に発信され、個人情報を含むメールデータの一部が外部に流出した事案が発覚した（NISCが同月四日発表）。

昨二〇二二年五月には、来日したデニス・ブレア元米国家情報長官が、日本のサイバー防衛を「マイナーリーグ」と酷評したことが記憶に新しい。

たとえて言うなら、「マイナーリーグ」に「ドラえもん」はいない。やはり、「日本は台湾のドラえもん」というのは、いくら何でも、褒めすぎではないだろうか。

さらに、たとえを借りよう。「クマと園芸の好きな人」と題されたラ・フォンテーヌの『寓話』（岩波文庫）は、こう結ぶ。

《無知な友ほど危険なものはない。／賢明な敵のほうがずっとまし。》

これは必ずしも、寓話の教訓にとどまらない。じつは軍事の世界にも当てはまる。

いや、むしろ、「友」と同盟や協定を結んで、「敵」と戦う軍事の世界にこそ、当てはまると言ってよい。さらに「無知」を「無力」と言い換えてもよかろう。

とくにサイバー領域では、最も脆弱な「友」が標的となる。台湾にとっても、台湾有事に臨むアメリカ合衆国にとっても、事情は同じ。日本という「当てにならない友ほど危険なものはない。中国という賢明な敵のほうがずっとまし」という皮肉にもなりかねない。

実際、アメリカ合衆国から正式に、前出の「事前協議」を求められたにもかかわらず、中国の核による恫喝を受け、躊躇するようなら、日本という「当てにならない友ほど危険なものはない」ということになろう。

当たり前だが、現実の世界に、四次元ポケットから取り出せる「ひみつ道具」などない。

日本よ、「ドラえもん」になれ、というのは、むろん無理な注文である。ただ同時に、「どこでもドア」がない以上、日本国が置かれた地政学的な環境は今後も変わらない。

「ドラえもん」になれ、とは言わないが、せめて、同盟国アメリカや台湾から、いざというときに、信頼される国でありたい。

広く知られた英語のことわざを借りよう。

「A friend in need is a friend indeed.」(「困った時の友こそ真の友」)。まさかの時、危急の時の友こそ、真の友である。

「日本はドラえもん」などとおだてられ、いい気になっている場合ではあるまい。日本は台湾にとって「真の友」となれるよう、真剣に努力すべきではないだろうか。

本書「まえがき」で紹介した麻生副総裁発言のとおり、人気漫画「ワンピース」の「主人公ルフィは友達を裏切らない」。果たして、そのとき、日本は〝ルフィ〟になれるのだろうか。「ドラえもん」は無理としても、せめて友達を裏切らない「ルフィ」ではありたい。

だが、そのとき、台湾の期待に応えられるためには、「戦う覚悟」(前出麻生)が必要となる。だからこそ、再び読者に問いたい。たとえば、中国から「米国との事前協議に応じるなら、台湾有事に介入すれば、東京を核攻撃する」と脅されても、その覚悟を持てるのか、と。

残念ながら、骨の髄までパシフィズム(反戦平和主義)に冒された戦後日本には、「ドラえもん」はおろか、「ルフィ」のたとえもふさわしくない。私には、ラ・フォンテーヌの『寓話』が説いた皮肉だけが、冷たく響く。

第4章
これが「台湾有事のシナリオ」だ

2021年10月10日、双十節の式典で編隊飛行を披露する台湾軍の国産戦闘機［写真提供：EPA＝時事通信フォト］

❖なぜ、台湾が重要なのか

昨二〇二二年、『台湾有事のシナリオ——日本の安全保障を検証する』（ミネルヴァ書房）と題した研究書が出版された。編著者は、森本敏・元防衛相と、小原凡司・慶應義塾大学ＳＦＣ研究所上席研究員（元在中国防衛駐在官）のお二人。広く知られたとおり、両者とも、海空自衛隊で勤務した経験を持つ（元1佐）。

その他、各章を執筆した著者陣にも、以下のとおり、陸海空自衛隊の要職を担った先輩後輩ら逸材の名前が並ぶ。

長島純（元航空自衛隊幹部学校長・元空将）
廣中雅之（元航空教育集団司令官・元空将）
磯部晃一（元東部方面総監・元陸将）
池田徳宏（元呉地方総監・元海将）
武居智久（元海上幕僚長）
黒崎将広（防衛大学校教授）
真部朗（元防衛審議官）（以上、掲載順）

同様のテーマを扱った書籍の中では、二〇二三年九月時点でなお、最も学術的価値が高い（と考える）。すべてを紹介できないのが残念だが、本書のテーマに関わりが深い部分に絞り、引用しつつ、「日本の安全保障を検証」してみよう。

そもそも安全保障上、なぜ、台湾が重要なのか。

〝大人の事情〟に忖度したせいか、日本の「防衛白書」では触れられていないが、軍事的には以下の事実が見逃せない。

同書「はじめに――なぜ台湾なのか」と題し、小原研究員が、こう指摘している。

《中国の戦略原潜は、南シナ海に突き出した海南島の楡林（ゆりん）基地に配備されており、米海軍は中国の戦略原潜が出港する時から追尾したいと考えるため、これが南シナ海における米中軍事プレゼンス競争の要因の一つになっている。もし、台湾に中国海軍の基地が建設されれば、中国の戦略原潜は直接太平洋に入ることができる。》

もし、そうなると、海上自衛隊や米海軍が、中国の戦略原潜を補足することは、きわめて困難となってしまう。米国としては、中国の戦略原潜から発射される核ミサイル攻撃という死活的なリスクにさらされる。

しかも現在、中国海軍（人民解放軍海軍・ＰＬＡＮ）は、射程約７２００㎞のＳＬＢＭ（潜水艦発射型弾道ミサイル）「ＪＬ－２」を搭載する「ジン級弾道ミサイル搭載原子力潜水艦

（ＳＳＢＮ）」（戦略原潜）を運用している。加えて、最大射程1万２０００㎞に達するＳＬＢＭ「ＪＬ－３」が「ジン級ＳＳＢＮにすでに搭載されているとの指摘もある」（防衛白書）。今年十月十九日に米国防総省が公表した報告書でも、「ＪＬ－３」の配備が明記された。

そうだとすれば、すでに米本土を射程下に収めていることになる。米国として、言うまでもなく、許容できないリスクである。

❖米国本土防衛の眼となる台湾のレーダー

同様に、以下の指摘も重要である。

《台湾の楽山には、早期警戒レーダー（ＥＷＲ）である「PAVE PAWS（Precision Acquisition Vehicle Entry Phased Array Warning System）」が設置されている。このレーダは台湾が二〇〇〇年に米国から購入し、二〇一三年から運用が開始されたものだ。このレーダーは台湾の防空を担うだけでなく、中国から米国に向けて発射されるＩＣＢＭをいち早く探知し、米国の防空網に情報を提供すると言われる。そうであるとするならば、米国が中国の核攻撃を無力化するためには台湾はなくてはならない存在である。》

右「台湾の楽山」は標高２６２０メートル。その高い山の上に、巨大な早期警戒レーダーが建っている。右のとおり、台湾が「米国から購入」したレーダーであり、「米国の防空網に情報を提供」している。地上発射型の「ＩＣＢＭ」に加え、潜水艦発射型のＳＬＢＭについても「いち早く探知」できるに違いない。それら核ミサイルの発射情報（データ）をリアルタイムで米国に提供できれば、米国が迎撃できる可能性が高まる。右の死活的なリスクも軽減できる。

日本との関係を指摘した以下の記述も見逃せない。

《中国が台湾に武力侵攻しようとすれば、日本に物資を輸送する海上輸送路が危険にさらされるだけでなく、日本の南西諸島は必ずや中国の軍事作戦の範囲に含まれることになる。さらに在日米軍基地および停泊している米海軍艦艇が中国の攻撃のターゲットになるため日本本土に対するミサイル等を用いた空爆も考慮しなければならない。台湾をめぐる軍事衝突は、日本を否応なく巻き込む事態であり、日本の安全保障を考える上で効果的なシナリオを書けるのである。》

そうして書かれたシナリオが、同書「第２章　台湾シナリオ」（小原凡司）である。なかで、具体的にこう指摘する。

《台湾は中国の空爆が開始される前に戦闘機等の退避を検討する可能性がある。日本は米国の同盟国であり、地理的な位置も、機体の整備補給の面でも、台湾軍機が退避するのに適し

た条件を備えているが、中国に配慮する日本政府は台湾軍機の受け入れを容易に決断できないだろう。》

❖台湾軍機飛来す

私も以前から、その可能性を指摘してきた。それが証拠に、二〇〇〇年に刊行された最初の拙著『アメリカが日本を捨てる日』（講談社）の第八章は、題して「台湾軍機飛来す」。版元公式サイトでは、「第二次朝鮮戦争、勃発。中国軍、台湾に侵攻す!? 日本は集団的自衛権の行使を決意できるか？ 防衛庁元幹部が描く戦慄のカタストロフィー」と宣伝された「本当のノンフィクション・ノベル」（鈴木光司・作家）である。

マイケル・グリーン顧問（米国防総省・後に米大統領顧問）による「潮匡人は日本のトム・クランシーになるだろう」との推薦文も頂戴した（そうなっていないのが恥ずかしいが）。それから四半世紀近くが過ぎ、ようやく理解が浸透してきたということだろう。

ご存知のとおり、台湾本島は、南北に約370㎞、東西に約180㎞と、ほぼ九州本島と同じくらいの面積である。南北に急峻な山岳地があり、多くの国民が島西側の平野部に居住している。

このため、中国による第一撃をかわすべく、空軍の作戦機は山岳地帯に掘られた防空施設などに避難することになるが、そうなる前に、できれば日本へ退避するほうが望ましい。とくに、米軍基地もある沖縄は、「地理的な位置も、機体の整備補給の面でも、台湾軍機が退避するのに適した条件を備えている」(前出小原)。問題は、「中国に配慮する日本政府」が台湾軍機の受け入れを決断できるのか、である。

小原研究員は「中国は初動に全力を投入することから、以下の項目は、同時に、あるいはごく短時間の間に生起する。日本、米国および台湾に、対応を議論・検討している時間は与えられない」として、その項目の筆頭に、〈北朝鮮に軍事行動開始の兆候〉を挙げる。

私もそう考える。いや、九〇年代から、そう考えてきたからこそ、「第二次朝鮮戦争、勃発。中国軍、台湾に侵攻す!?」云々と宣伝された「ノンフィクション・ノベル」を書いた。宣伝コピーの「日本は集団的自衛権の行使を決意できるか?」という部分は、その後、いわゆる平和安全法制の成立により、一部解消されたが、その他の問題は今も残る。

かつて私が描いた「戦慄のカタストロフィー」は、いまも、そこにある危機と言ってよい。

❖『アメリカが日本を捨てる日』

前掲著の「第5章　台湾シナリオと自衛隊の作戦構想」を執筆した廣中雅之・元空将も同様の危惧を抱く。なお、廣中元空将は、私が現役自衛官当時から、公私にわたりお世話になってきた先輩でもある。そのなかで、こう述べる。

《核の脅威に対処するためには、相手国に核の使用を思いとどまらせる核報復能力を中核とする懲罰的抑止力を持つことが最も有効である。日本の核抑止力は、懲罰的抑止力を米国の拡大核抑止に依存している。拡大核抑止力の目的は現状変更の拒否である。》

あっさり書かれているが、その意味するところは深い。もし、現役の幹部自衛官がこう言えば、きっと炎上騒ぎでは済むまい。だからなのか、退官後も多くの諸先輩が口をつぐんできた。

だが、たとえ日本の総理が「核兵器のない世界」を目指そうとも、軍事的には「核報復能力を中核とする懲罰的抑止力を持つことが最も有効である」。右のとおり「日本の核抑止力は、懲罰的抑止力を米国の拡大核抑止に依存している」が、だからこそ、以下の場面が問題となる。

《長距離攻撃作戦はパイロットなどの犠牲を伴うことが予測される危険な作戦行動であり、緊急事態の発生時、この重要かつ極めて危険な長距離攻撃を、米国に全面的に依頼して、日本がこの作戦行動に一切参加しないという選択肢はおよそ考えにくい。この共同作戦に参加しなかった場合には、おそらくタダ乗りを許さない米国の対日世論は沸騰し、日米同盟関係の維持に重大な影響を与えるかもしれない。長距離攻撃作戦は、核・ミサイルの近代化と増大する保有量への対処として、また、日米同盟関係を維持する観点から、戦略守勢の防衛態勢の下でも行わざるを得ない作戦行動である。》

もし右の「共同作戦に参加しなかった場合には、おそらくタダ乗りを許さない米国の対日世論は沸騰し、日米同盟関係の維持に重大な影響を与える」に違いない。それこそ、『アメリカが日本を捨てる日』である。

前掲拙著が挙げた「日本は集団的自衛権の行使を決意できるか？」という問題は、平和安全法制により一部解消されたが、今なお、右の問題は残る。残っているからこそ、同法制が可決成立した後の二〇二二年に出版された前掲著『台湾有事のシナリオ』でこう指摘されたわけである。

さらに言えば、右出版後の同年末に公表された「安保3文書」（や、今年の「防衛白書」など）で、「反撃能力」（敵基地攻撃能力）の保有が認められるようになった。詳しくは、本書

第6章で述べるが、だからといって、右の大問題が解消されるわけではない。

いずれにせよ、今はまだ、そうした「攻撃作戦」に必要な「反撃能力」もなければ、根拠法も整備されていない。いつ『アメリカが日本を捨てる日』が訪れても、おかしくない。

❖そのとき、日本の「戦後」が終わる

なかでも深刻なのが、台湾有事を巡る問題である。

《自国の軍事力に自信を持った中国が、その核心的利益を守るべく台湾侵攻に着手した場合、そして台湾と国際社会がこれに全力で対処を開始しているという情勢の中で、米国以上に曖昧な対台湾政策をとり続けている日本が、国家レベルでこの問題に対処する準備が十分にできているとは到底思えない。日本では政治的な大混乱が起こる可能性が高い。前述のとおり、米中対決の最前線となる日本が、台湾危機において台湾防衛に関与をすることができなければ、直接介入をするであろう米国の政治的な信頼を大きく損ない、日米同盟関係は破綻する可能性が高い。一方で、日本が台湾防衛に直接関与をすれば、中国の軍事的な脅威を直ちに被ることとなる。》

そのうえで、廣中元空将は同書第5章を、こう締める。

《日本は、地政学上、また、日米同盟関係上、自ずから台湾危機の当事国となるとの覚悟が何より重要である。》

以上の趣旨を踏まえての発言なら、私も「台湾有事は日本有事であり、日米同盟の有事でもある」と考える。前章で述べたとおり、私が「台湾有事は日本有事ではなく、極東有事である」と訴えてきたのは、「台湾有事は日本有事」と切り取られ、独り歩きすることで、「事前協議」や中国による核恫喝といった重要な論点が吹っ飛んでしまったからである。

けっして、日本で「政治的な大混乱が起こる可能性」を否定したわけではない。それどころか、廣中先輩が指摘するとおり、「日米同盟関係は破綻する可能性が高い」と危惧している。それこそ『アメリカが日本を捨てる日』となろう。

加えて、私も「中国の軍事的な脅威を直ちに被ることとなる」とも危惧している。本書がサブタイトルで掲げたごとく、そのとき、日本の「戦後」が終わる。

❖ たしかに台湾侵攻作戦のハードルは高いが……

続く「第6章　台湾シナリオと南西諸島の防衛」にも注目したい。筆者は磯部晃一・元陸将（元東部方面総監）。引き続き私事で恐縮ながら、先日、私が名ばかり幹事を務める勉強会で、磯部元陸将に御講演をいただく機会を得た。その際、同書をご紹介くださりながら、台湾有事について議論を深めさせていただいた。

磯部元陸将も、こう危惧する。

《習近平指導部にとっても武力による台湾統一の機会の窓は限られていると言える。おそらく、中国は硬軟両用、あらゆる手段を用いて、台湾を統一するであろう。》

テレビ各局が重用するコメンテーターが奏でる印象論の類ではない。右講演でも、次の数字を挙げながら、こう述べた。

《台湾に指向できる渡洋能力は、現実的には一万七〇〇〇人程度となる。／これにヘリコプターによる空輸などを駆使しても、海上および航空輸送による着上陸作戦の第一波の投入可能兵力はおそらく約二万五〇〇〇人程度が最大となろう。（中略）こうした状況を踏まえると、台湾侵攻作戦はかなりハードルが高いものとなる。》

ハードルが高いのだから、台湾有事が生起する可能性は低いのではないのか。だが同書は、こう続く。

《ただし、留意すべきは、能力がたとえ不足しても、意思次第によっては台湾侵攻もあり得ることを予期しておかねばならない。揚陸艦艇や輸送機が不足していても、習近平国家主席の一喝で、漁船までも根こそぎ動員して、台湾海峡を船舶で埋め尽くし、一気に海峡を渡る

挙に出る可能性は否定できない。》

同書は、右に続けて「現に、第二次世界大戦のダンケルクからの撤退作戦（ダイナモ作戦）がそれを証明している」と、その論拠を挙げている。そのとき「ウィンストン・チャーチル英首相は、軍用艦艇のみならず、漁船、貨物船、ボートなどあらゆる船舶を総動員して、九日間で約三四万人を仏海岸ダンケルクから英国本土に撤退させた」。

ならば、習近平国家主席の一喝で、「軍用艦艇のみならず、漁船、貨物船、ボートなどあらゆる船舶を総動員して」、一気に台湾海峡を渡る作戦も可能ということになる。

いや、それは昔話だ、今は時代が違うとの反論もあり得よう。同書は昨年一月に発行されたので、第二次世界大戦の例を挙げたが、今なら、こう書くこともできよう。

能力がたとえ不足しても、意思次第によっては台湾侵攻もあり得ることを予期しておかねばならない。現に、二〇二二年二月のウクライナ侵攻がそれを証明している。

もちろん、陸続きのウクライナ侵攻と、海峡を挟んだ台湾有事を同列に語るのは、軍事的な適切さを欠く。

そうした批判を承知で言えば、やはり、権威主義国家では、たとえ能力が不足しても、独裁者の意思次第によっては、隣国への軍事侵攻もあり得る。それもまた、われわれが昨年、目の当たりにした冷厳な歴史的事実であり、けっして忘れてはならない教訓ではないだろうか。

蛇足ながら前述のとおり、昨年二月、日本では誰一人、ウクライナ侵攻を予測できなかった。きっと、台湾有事が目前に迫っても、みな昨年同様、呑気にこう語るに違いない。「単なる軍事演習であり、ブラフに過ぎない。習近平主席もバカではない」云々と。

ちなみに、同書で磯部元陸将は、米国の著名な元外交官、ロバート・D・ブラックウィルによる「外交問題評議会」特別レポート「米中台：戦争を防ぐ戦略」（二〇二一年）の以下の指摘も紹介している。

「台湾は、米国、中国、そしておそらく他の主要国を巻き込んで、紛争に至る最も危険な世界の発火点になりつつある。」

右の「他の主要国」に、日本が含まれることは論をまたない。「紛争に至る最も危険な世界の発火点」が日本国のすぐ隣にあることを忘れてはならない。

❖台湾シナリオとグレーゾーン事態の国際法

以下、専門的な議論にわたるが、重要な指摘なので、短く紹介させていただく。同書「第9章　台湾シナリオとグレーゾーン事態の国際法」で、黒崎将広教授（防衛大学校）は、こう指摘する。

《台湾をめぐる問題について、日本は「当事者間の直接の対話により平和的に解決されることを期待するというのが従来からの一貫した立場」であることを強調して、日中「共同声明の中で今日でも実体的意味を持っている唯一の規定」とされる第三項に基づく不介入の立場を今日でもなお堅持している。しかし、（中略）もし、中国が台湾併合のためにハイブリッド戦を用い、かつそれが平和的解決の手段でないと日本政府が判断すれば、日本は同声明で示した不介入の立場を変更することが可能になるということに他ならない。その場合、「国際法上の規範性」を持つ日中共同声明との抵触の問題が残りうるとしても、日本政府の見解に従うなら、台湾の国際法上の地位が未解決である限り、少なくとも台湾地域において日本が域外サイバー行動を行うことは必ずしも妨げられず、また、中国の主権を直ちに侵害する国際法違反行為にもならないということとなる。》

要するに、「もし、中国が台湾併合のためにハイブリッド戦を用い、かつそれが平和的解決の手段でないと日本政府が判断すれば」、日中共同声明で示した「不介入の立場」を変更できる。ゆえに、たとえば「台湾地域において日本が域外サイバー行動を行う」ことも可能となる。

ただし、以上はあくまで、国際法学者（黒崎教授）による法的考察である。以下あくまで一般論だが、国際法上可能でも、憲法を含む国内法の制約を受ける可能性も残る。さらに言えば、たとえ法的に可能でも、政治的（現実的）に不可能（きわめて困難）という場合もあり得る。

いずれにせよ、平時の今から、右のような事態を想定し、備えておかなければならない。間違っても「想定外」は許されない。

❖台湾有事と朝鮮半島有事、自衛隊は二正面作戦を余儀なくされる

最後に、同書「終章　日本の課題と複雑な未来」（小原凡司）を借りよう。小原研究員（前出）は、サイバー攻撃を含めた「軍事以外の手段を用いて相手国社会を混乱に陥れ、相手国政府が対処に忙殺される状況を創出して、相手国の準備が整わないうちに武力侵攻する」、「いわゆるハイブリッド戦」に触れたうえで、こう述べる。

《もし、中国が台湾に武力侵攻しようとすれば、こうした非軍事的手段の他に、日本や韓国に対する軍事的挑発行動をとるように北朝鮮に要請すると考えられる。例えば、北朝鮮がミサイル発射の兆候を見せれば、日本は、南西諸島防衛と同時に北朝鮮のミサイル攻撃対処にも部隊を割かねばならず、二正面作戦を余儀なくされる。ただでさえ兵力に余裕のない自衛

隊が異なる方向の二つの事象に同時に対処するには過大の負荷を覚悟しなければならない。米国も、国防総省から在韓米軍という指揮系統で朝鮮半島の事象に、インド太平洋軍が台湾事象対処にと、異なる指揮系統で二つの事象に対処することになる。北朝鮮の挑発行為にも効果的に対処するためには、米国およびもう一つの米国の同盟国である韓国との協力が不可欠である。この時、自衛隊は米軍等と指揮系統などのすり合わせを行う必要もあるだろう。在日米軍が有するのは調整機能であり、指揮権を持つ米インド太平洋軍司令官のカウンター・パートに当たるポストは自衛隊にはないのである。》

要するに、台湾有事が朝鮮半島有事と同時に生起すれば、自衛隊は「二正面作戦を余儀なくされる」。「過大の負荷を覚悟しなければならない」。私が協力している人気コミック『空母いぶき GREAT GAME』（小学館）では「統合総隊司令官」が活躍しているが、現実の自衛隊には「米インド太平洋軍司令官のカウンター・パートに当たるポスト」もない。名称はさておき、なんらかの統合司令官の設置が急がれる。

同書終章は、こう結ぶ。

《中国が台湾に武力侵攻しようとすれば、日本の南西諸島は中国海空軍による海上封鎖および航空封鎖の下に置かれる。日本の領土が中国の軍事的コントロール下に置かれることは日本の主権・領土の侵害であり、日本にとっての有事であるとも言える。日本は、「台湾を防衛する」と言えなくとも、日本有事と認定して自衛隊の出動を命じることができるのだ。日本が自らの防衛能力を向上させること自体が、中国の台湾武力侵攻に対する抑止となり得ることも理解しておかなければならないだろう。》

前述したとおり、そうした脈絡でなら、台湾有事は「日本にとっての有事であるとも言える」。続く後段部分にも異論を覚えない。なお今後、日本が自らの防衛能力を、どう向上させていくのかについては、本書第6章で後述する。

❖『完全シミュレーション 台湾侵攻戦争』

学術書ではないが、今年出版された、山下裕貴著『完全シミュレーション 台湾侵攻戦争』（講談社＋α新書）も紹介しておこう。同書「あとがき」はこう結ぶ。

「戦争には勝者も敗者も存在せず、あるのは荒廃した国土と多くの人々の犠牲と悲しみである」

いっけん、鼻白むような文章だが、記された著者の肩書を踏まえると、まるで別様に見えてくる。

「元中部方面総監・陸将」

それまで沖縄地方協力本部長、東部方面総監部幕僚長、第三師団長、陸上幕僚副長など要職を歴任した元陸将である。現在は千葉科学大学と日本文理大学で客員教授を務める。

著者は退官後に（二〇二〇年）、シミュレーション小説『オペレーション雷撃』（文藝春秋）を上梓した。本書でも、その才能と経験が遺憾なく発揮されている。

前著の帯は「極東有事前哨線、開幕。」と記していた。ならば本書は、本番の極東有事を小説風に描いたシミュレーションとも言えよう。登場人物のセリフを活かしながら、「台湾侵攻戦争」を時系列で平易かつリアルに描く。本書第2部「台湾有事シミュレーション」に続けて、第3部「シミュレーション解説」と題し、プロならではの解説を加えている。

小説風の筆致でありながら、随所に元陸将の知見や経験が覗く。たとえば米軍幹部がこう語る。

「台湾海峡は水深が浅く、海底は砂で、潜水艦の行動には厳しい条件です」

加えて著者はこうも書く。

「海峡は狭い場所で約140キロ、潮の流れが速く、冬場には強風が吹き、濃い霧が発生して、夏場には多くの台風が通過する。中国軍の前に立ちふさがる自然の要害である」、「現状では台湾侵攻にはかなりのハードルがあり、作戦上は困難をきわめることになる」。

ただし、「中国はいつ台湾侵攻を決断するのか」と題した同書第1部は、こうも書き出す。

「中国は本当に台湾に侵攻するのか。／その問いに対し、私は「イエス」と答えている。問題はそれがいつかである。様々な見方があるが、それほど遠くない未来との認識は米軍幹部・専門家に共通する」

山下元陸将は「あとがき」をこう書き出した。

「本書を通じて理解していただきたいことは、台湾有事が発生すれば日本の南西諸島及び海域は戦場となり、好むと好まざるとにかかわらず日本は必ず巻き込まれるということである」

ならば、その備えは……。安倍晋三総理（当時）が、当時の山下陸幕副長に「静かに語った」言葉が重く響く。

「（陸幕）副長。組織を作っても使いこなせるかは政治家次第だよ。その時の総理がいかに使うかだ。有事の際に君たちが全力で戦えるようにするのも政治家だ。政治家の責任は重い」

果たして、現在の岸田文雄総理は、その重大な責任を担える器なのであろうか。

第5章
パシフィズムが日本を蝕む

2023年2月3日、米軍のＵ２偵察機から撮影された米本土上空を飛行する中国の偵察気球（米国防総省提供）［写真提供：時事通信フォト］

❖自衛隊は中国の気球を撃墜できるのか

ロシアによるウクライナへの侵略から一年半が過ぎた。この間、多くが語られてきた。私も昨二〇二二年に、前掲拙著『ウクライナの教訓』を上梓した。副題は「反戦平和主義が日本を滅ぼす」。反戦平和主義には「パシフィズム」とルビが振られている。拙著「まえがき」でこう書いた。

「最大の問題は、命と平和の大切さだけが語られる日本の現状だ。昭和、平成、令和と、戦後日本を、そうしたパシフィズム（反戦平和主義、反軍平和主義、護憲平和主義、絶対平和主義）が覆っている」

このとおり日本語に訳しづらいが、『リーダーズ英和辞典』（研究社）は「反戦論」「平和主義」といった訳語に加えて、「無抵抗主義」とも訳す。今から思えば、この訳語のほうが的確だったかもしれない。

実際、フジテレビ「日曜報道」では、〝ご意見番〟の弁護士コメンテーターが恥知らずな無抵抗主義を強弁し続けている。侵攻当日のＮＨＫ「ニュース７」に至っては、軍事侵攻が進行中にもかかわらず、出演した大学名誉教授が、ロシアの認識や主張を代弁し続けた。侵攻直後には、「日曜討論」でも、スタジオ出演した神奈川大学教授が「降伏しないウクライナも悪い」云々と〝どっちもどっち論〟を主張した。

日本のテレビ番組では、侵攻から一年半を経てなお、こうした妄言が飛び交う。

今年二月、アメリカ軍が中国の気球を戦闘機で撃墜した。さて、同様の事態が起きた場合、日本はどうするのだろうか。ちなみに、自衛隊法はこう定める。

「防衛大臣は、外国の航空機が国際法規又は航空法その他の法令の規定に違反してわが国の領域の上空に侵入したときは、自衛隊の部隊に対し、これを着陸させ、又はわが国の領域の上空から退去させるため必要な措置を講じさせることができる」（84条）

いわゆる対領空侵犯措置を定めた条文である。一般的な語釈でも、国際法上も、気球は右の「航空機」に含まれる。ならば「着陸」も「退去」も無理な場合、米軍同様、撃墜できるのか。二月六日付「日経」朝刊記事を借りよう。

《2020年6月に宮城県上空などで気球のような物体が漂った。当時の河野太郎防衛相は「レーダーなどで警戒監視を続けている」「安全保障に影響はない」と述べるにとどめた。他国による領空侵犯だとは認定しなかった》

その他「これまで気球による領空侵犯について確認して公表した事実はない」（防衛省報道官）という。右記事は「気球の早期の撃墜を探っていた米国と比べると、武器使用には抑制的に対応すると想定される」とも報じたが、そもそも「領空侵犯」でないなら、武器使用すらできない。

いくら防衛費を増やし、どんな「反撃能力」を持とうが、これでは気球にも〝抵抗〟できない。この一年半、日本が「ウクライナの教訓」を学んだ形跡は乏しい。

❖引き金も引けない自衛隊

防衛省広報誌「ＭＡＭＯＲ」（今年一月号）掲載記事が「国際法・防衛法制の研究者」の「レクチャー」として対領空侵犯措置を巡り、こう書いた（「自衛隊が『武器使用できる』のはどんなとき？／自衛隊に関する法律」）。

「戦闘機を緊急発進させ、警告や着陸の誘導などを行い、相手が抵抗してきた場合は武器を使用することも可能である」

もし、この記述が本当なら、中国の気球相手には武器を使用できない。なぜなら、気球は「抵抗」などしないからである。

だが、浜田靖一防衛大臣は、今年二月七日の閣議後会見で、記者から「アメリカのように撃墜する可能性があるのか」と聞かれ、「国民の生命及び財産などを守るために、必要と認める場合には所要の措置を採ることが可能」と答えた。

ちなみに、武器使用要件の正解は、「正当防衛又は緊急避難の要件に該当する場合にのみ許される」（防衛白書）。今回のように攻撃力を持たない偵察気球が、右の要件を満たす可能性は考えられない。

あえて可能性を探るなら、たとえば気球が爆弾を搭載していた場合など、右の要件を満たす場合もあり得よう。実際、いわゆる太平洋戦争で、旧日本軍は「気球爆弾」を米本土に投下した。

もし、同様の事態が、わが国で発生すれば、どうなるか。以下の朝日記事が、国民の期待を打ち砕く。

今年二月三日付「朝日」朝刊にインタビュー記事「（交論）専守防衛どこへ　林吉永さん、冷泉彰彦さん」が掲載された。後者は無視し、前者に焦点を絞ろう。記事タイトルは「引き金引くな、歴史繰り返さぬ　林吉永さん（元航空自衛隊第7航空団司令）」。なかで、こう語る。

「今が最大の危機であるという認識は作られたものではないかと私は思っています。戦争になるぞという時代精神が浮上し、非戦という発想が後景に退いていることが心配です」

いわゆる「安保3文書」が明記した「我が国は戦後最も厳しく複雑な安全保障環境に直面している」との認識を真っ向から否定する。

さらに「87年の警告射撃事件の際は、現場にいたそうですね」と聞かれ、こう答える。

「私は射撃指令に反対で、のちに意見具申をしました。もしソ連側が攻撃をされたと誤解したら、自衛隊機が攻撃され、戦争に発展してしまう恐れがあったと訴えました」

そんな馬鹿な。「警告射撃」は、明文の法的根拠を持つ正当な業務行為である。それを後日、「自衛隊機が攻撃され、戦争に発展してしまう恐れがあった」からと咎めるくらいなら、そもそも自衛隊機を緊急発進させるべきでない。実弾を搭載した戦闘機を対領空侵犯措置に就ける事自体、間違っている、ということになってしまう。

以下の発言にも驚いた。

《――90年代に第7航空団司令を務めた際には、緊急発進するパイロットに「引き金を引くな」と言っていたそうですね。

「ええ。相手に先に撃たせることで初めて、こちらが攻撃を行う正当性が確立されるのだと指導しました。相手に先に撃たれて脱出することは批判をされるし恥辱でもあるだろうが、その覚悟と忍耐によって日本の正義が保証されるのであればパイロットは真のヒーローたりうるのだ。そう説きました」》

ならば、気球爆弾は撃墜できない。なぜなら、相手は撃ってこないからだ。気球だけではない。領空侵犯を続けるだけの爆撃機も、撃墜できないことになってしまう。

しかも、右発言は、自衛権行使要件をめぐる誤解に加え、刑法上の「正当防衛」（または緊急避難）要件を誤解している。つまり、林団司令の「指導」は、間違った法解釈に基づく。もし、それが職務上の「指揮」（命令）だったのなら、法的に無効である。違法かつ不当である。

ご本人は「司令の権限を越えた指導であり、処分を覚悟した行動でした」と語るが、自衛隊法は「正当な権限がなくて又は上官の職務上の命令に違反して自衛隊の部隊を指揮した者」は「三年以下の懲役又は禁錮に処する」と定める（119条）。だが、本人は懲役相当の行為を「盧溝橋事件の歴史を繰り返してはいけないという思いがありました」と自己正当化する。

林団司令は幹部候補生学校長などの要職を歴任した。パシフィズムは現場の最前線をも蝕む。

❖公共放送を覆うパシフィズムの闇

昨年末、政府はいわゆる「安保3文書」を閣議決定した。その中身については、第6章で詳述するが、当然のごとく、閣議決定の翌日付「朝日新聞」朝刊は《安保政策の大転換た。

これら報道の問題点は、第6章に委ね、ここでは以下、NHK「Eテレ」(旧「教育テレビ」)の番組「100分de名著」を取り上げよう。

シャープ著『独裁体制から民主主義へ』を扱った同番組は「国際関係思想の専門家・中見真理(清泉女子大名誉教授)さん」を「指南役として招き」、こう語らせた。

「先日サッカーで日本が対戦して話題になったコスタリカっていう国は軍隊を持たないことで軍事費を教育や福祉に回す方針をとっているんですね。(中略)外交もまた努力してるんですね。こういうことこそ私たちは学んでいくべきだと思います」(一月三十日初回放送)

たしかに常備軍こそないが、有事には軍隊を組織できる。米州機構に属し、集団的自衛権行使も、徴兵制も認められている。

二〇〇七年に台湾との外交関係を断絶し、中国との外交関係を開設したが、それでも先週、中国の偵察気球が上空で飛んだ。そもそも日本はコスタリカのような小国ではない。いったい何を学べというのか。

冷笑しながら、こうも語った。

「アメリカは経済的な観点からも軍事的な介入を抑えていきますよね。当然ね。そこへ日本がノホホンと軍事力を増強してなんて出ていったら、本当にバカみたいですよね」

番組の最後を、こう締めた（？）。

「最近よく耳にする専守防衛という言葉についてもですね、他国に脅威を与えるような専守防衛になっていないかどうか、他国に不安を与えるならば、それは必ず日本の不安となって跳ね返ってくるわけです」

「安保3文書」と岸田内閣の方針に対する明らかな揶揄誹謗である。国家公務員は、特定の内閣に反対することも、政治の方向に影響を与える意図で特定の政策に反対することも法令で制限されているが、公共放送は言いたい放題らしい。放送法にも忖度しない。

そもそも、シャープの「名著」との関係も薄い。我田引水に自説を語っただけ。それを公共放送「Eテレ」が垂れ流す。いまもメディアを、パシフィズムの闇が覆っている。

❖ これだから、自衛官は発砲できない

前掲拙著『ウクライナの教訓』は「あとがき」で、数々の「血が流れない日本のドラマ」を指弾したうえで、以下のように締めた。

おそらく実際の場面でも、多くの自衛官や海上保安官が躊躇を覚えるのではないか。なんの迷いも、不安もなく撃てるとは思えない。

ロシアによるウクライナ侵略後のいま、強くそう思う。なぜなら、日本の主要メディアでは、いまも「降伏しないウクライナも悪い」といった妄言を流し続けているからである。

もし、日本が同様の侵略を受けたとき、民放の看板報道番組や、NHK「日曜討論」などで、弁護士コメンテーターや大学教授らが、「もちろん侵攻してきた○○が悪いが、降伏しない日本も悪い。自衛隊が武力で抵抗するから、国民の被害が拡大している」と語れば、どうなるか。そうした世論が形成されれば、どうなるか。想像しただけでも恐ろしい。

本書では、こう言い換えよう。

台湾有事をめぐり、民放の看板報道番組や、NHK「日曜討論」などで、弁護士コメンテーターや大学教授らが、「もちろん軍事侵攻した中国が悪いが、降伏しない台湾も悪い。そもそも中国と台湾は『一つの国』であり、内政問題に軍事干渉すべきでない。アメリカに追随して、平和憲法を踏みにじりながら自衛隊が作戦活動するから、台湾と日本国民の被害が拡大している」などと語れば、どうなるか。そうした世論が形成されれば、どうなるか。想像しただけでも恐ろしい。

国民の支持と理解がなければ、自衛隊は戦えない。たとえ憲法典に「自衛隊」と明記されようが、防衛費が倍増しようが、自衛官は発砲を躊躇う。

パシフィズムの蔓延は、日本を滅ぼす。それがウクライナの最大の教訓ではないだろうか。

……蛇足ながら、その後の実例も挙げよう。フジテレビ系列で全国放送された超人気シリーズの完全新作SPドラマ『ガリレオ 禁断の魔術』である（昨年9月17日）。

「代議士の大賀仁策（鈴木浩介）」をレールガンで殺害しようとする元教え子「古芝伸吾（村上虹郎）」を、主人公の「帝都大学准教授・湯川学（福山雅治）」が、こう諭す。

「君のお父さんは20年前、アメリカで対人地雷の開発に携わった。その事実を知ったとき、純粋に科学者を志していた君にとっては、お父さんと科学、その両方から裏切られた思いだったんだろう。だが、お父さんの人生にはまだ続きがある。アメリカの企業を退職後、お父さんは、暁重工へと転職した。（中略）地雷を開発していた当時、開発者たちは地雷が未来の世界に及ぼす本当の危険を正しく認識していなかった。ところが、ある時、戦場に残された地雷によって両足を吹き飛ばされた子供の姿を目にした。その時、お父さんは自らの大きな過ちに気づき、自分のことを大いに恥じた。その懺悔の気持ちから（以下略）」

その上で、「君のお父さん」の「ノート」に、こう書かれていたと明かす。

「地雷は核兵器と並んで最低最悪の代物だ。科学は人を救うためのものである。いかなることがあっても、科学技術によって、人を傷つけたり、生命を脅かすことは許されない」

……もはや、これ以上の蛇足は不要であろう。

❖ウクライナの教訓は活かされたか

昨年十月十二日、ブリュッセル（ベルギー）で開かれたNATO（北大西洋条約機構）の国防相会議に合わせて、ウクライナへの軍事支援について協議するためアメリカが主催した6回目の定例会合が開かれた。

会合には、欧米諸国など約50か国が参加。今後「戦場で必要な兵器」について協議し、各国がウクライナに対して長期的に軍事支援を続けていくことを確認した。

会合のはじめ、アメリカのオースティン国防長官が「プーチン大統領の新たな攻撃にもかかわらず、ウクライナ軍は流れを変え、ロシア軍の占領から街を解放し数千平方キロメートルに及ぶ領土を奪還した。各国の安全保障面での支援や訓練などの取り組みは不可欠だった」と述べた。

会合後の記者会見でも、「ウクライナは東部と南部でかなりの領土を奪還している。このような活動は冬の間も続くと思われる」と述べ、この冬も戦闘が続くことを前提に支援を続ける必要を強調した。

そうＮＨＫはじめ日本のメディアは淡々と報道するが、なぜか「日本の不在」を嘆く声はどこからも出て来ない。まさに「不可欠だった」軍事支援を、日本だけが実施していない。なるほど、日本も「各種の制裁措置などに取り組むとともに、（中略）防衛装備品等の供与を続けている」（防衛省）が、欧米諸国と比べ、質も量も格段に劣る。

たとえば昨年、ケビン・メア元米国務省日本部長が、「日本は地対艦ミサイルをウクライナに供与せよ」と「直言」したが（国家基本問題研究所「今週の直言」2022.06.20）、残念なことに、日本政府はもちろん、日本のマスメディアからも、そうした声は上がってこない。これでは、まるで傍観者ではないか。

拙著『ウクライナの教訓』の「まえがき」で指摘したとおり、最大の問題は、命と平和の大切さだけが語られる日本の現状だ。昭和、平成、令和と、戦後日本を、そうしたパシフィズムが覆っている。

その結果たとえば、「人間は避けることのできない死を避けようとして、避けることのできる罪を犯す」（アウグスティヌス）とは、けっして考えない。

ゼレンスキー大統領は英議会での演説で『ハムレット』を引き、「生きるべきか、死ぬべきか」と問うた。だが、後に続く以下の台詞を、多くの日本人は知らない。

「どちらが男らしい生きかたか、じっと身を伏せ、不法な運命の矢弾を耐え忍ぶのと、それとも剣をとって、押しよせる苦難に立ち向い、とどめを刺すまであとには引かぬのと、一体どちらが」（シェイクスピア『ハムレット』新潮文庫）

――いまは「男らしい」ではなく「高貴な」と訳したほうが適切かもしれない。

いずれにせよ、英国エリザベス朝時代を代表する作家と、（国際法上許された自衛権行使すら批判する）令和日本の大学教授や弁護士コメンテーターとの乖離は本質的である。

❖人間不在の防衛論議

ハムレットが出した答えを知らぬ者はいないであろう。それは避けることのできた罪かも知れない。ここで重要なのは悲劇の結果ではない。ハムレットがなぜ、そう考えたかである。「寝て食うだけ、生涯それしか仕事がないとなったら、人間とは一体なんだ？　畜生とどこが違う。神から授かったこの窮まりない理性の力。それあるがため、うしろを見、さきを見とおし、きっぱりした行動がとれる。この能力、神に近き頭脳のひらめき、それを使うな、かびでもはやせ。まさか、それが神意ではあるまい」

自覚的に福田恆存の訳を引いた。悲劇を招いたのは、ハムレットに「神から授かった理性」があったからである。だからこそ第四幕で、こう語ったのであろう。

「立派な行為というものには、もちろん、それだけの立派な名分がなければならぬはずだが、一身の面目にかかわるとなれば、たとえ藁しべ一本のためにも、あえて武器をとって立ってこそ、真に立派と言えよう」

こう訳した福田恆存は、「理想家でありながら現実家であるという二律背反――それはハムレットの、のみならず人間生得の、生きかたなのである」と論じた（『人間・この劇的なるもの』中公文庫）。

福田は単に、ハムレットを訳し、評論したのではない。人間を論じたのである。生と死を論じ、人間を「劇的」と評した。そして「劇は究極において倫理的でなければならない。元来は、それは宗教的なものであった。その本質は、今日もなお、失われてはならぬ」と述べた。福田は『人間不在の防衛論議』（新潮社）を憂えたが、令和日本では「人間不在の防衛論議」が跋扈（ばっこ）している。

「反戦平和」しか言えない連中は男らしくない。いや、「高貴」でない。つまり卑しい。

自分は守るが、他人は助けない。命が助かれば、それでよし……。なんとも卑しい。少なくとも私は剣を取り、後には引かない。

❖なぜ、武器供与できないのか

ウクライナへのスイス製武器供与の許可を求める声の高まりを受け、永世中立原則をどこまで貫くべきか、スイス連邦議会で議論が本格化している。読売記事を借りよう。

《ロベルト・ハベック独副首相は2月、地元紙のインタビューで「なぜスイスが砲弾を提供しないのか理解できない」と不満をあらわにした。／米紙ニューヨーク・タイムズは3月、「スイスは北大西洋条約機構（NATO）加盟国に囲まれ、何十年も守られてきたのに、これらの国を助けようとする意志を示さないとの不満が欧州で募っている」と報じた。》

ならば、こうも言えよう。

「なぜ日本が砲弾を提供しないのか理解できない」、「日本は日米安保に何十年も守られてきたのに、『日本とNATOは基本的価値とグローバルな安全保障上の課題に対する責任を共有するパートナー』（外務省）なのに、これらの国を助けようとする意志を示さない」。

さて、当事者の認識はどうか。

今年五月二十一日、広島市内で記者会見したウクライナのゼレンスキー大統領は、日本から殺傷能力のある武器の供与を望むか問われ、「武器を供与できる国からは武器をいただきたいのが本音だが、法的な制約も十分に理解している」と述べた。

当時そう報じた産経記事は「防衛装備品移転をめぐっては、日本の法的枠組みでは殺傷能力のある武器の無償供与は認められていない」とも報じた。

はたして、本当にそうか。

以下、六月七日付「朝日新聞」朝刊記事《殺傷能力ある武器、輸出可能？ 「三原則」見直し、政府・与党内で前向き発言》を借りよう。

《武器輸出を制限している「防衛装備移転三原則」の見直しをめぐり、「現状でも殺傷能力のある武器の輸出は禁じられていない」との見方が政府・与党内で出始めた。これまでは輸出できないとされていたため、自民党内の見直し推進派は武器輸出の緩和に勢いづいている。》

いったい、どういうことなのか。少し長いが、朝日記事を続けよう。

❖ 反戦平和という冷血

《防衛装備移転三原則は第2次安倍政権下の2014年に制定され、それまでの「武器輸出三原則」で事実上禁じられてきた武器輸出を可能にした。ただ、具体的なルールを定める

「運用指針」では、「安全保障面での協力関係がある国」に対し、「救難」「輸送」「警戒」「監視」「掃海」の「5類型」に限っている。／このため、殺傷能力があったり、物を破壊したりする自衛隊法上の「武器」は輸出できないとされてきた。（中略）

自民、公明両党は4月、見直しに向けた実務者協議を始めた。２０１４年の三原則の策定に携わった東大客員教授の高見沢将林・元内閣官房副長官補が5月16日の第4回の与党協議に出席し、「当時は自衛隊法上の武器も入る前提で議論していた」と証言。日本にとって重要なシーレーン（海上交通路）の安全確保のため、武器を含む装備品の輸出も念頭にあったと説明した。実際には、武器輸出に慎重な公明党が「輸出対象の範囲が広すぎる」と反対し、5類型に絞り込まれた。高見沢氏は朝日新聞の取材にも「自衛隊法上の『武器』が入る前提で議論したからこそ、公明党から指摘があったのだろう」と話す。

24日に国会内で開かれた第5回の与党協議。冒頭のあいさつで、座長を務める小野寺五典・元防衛相は「殺傷能力があるものは一切、装備移転できないと今まで思っていた」と強調した。ある自民党議員は「今の運用指針でも自衛隊法上の武器を出せると分かったのは大きい」と、輸出のハードルが下がったことを歓迎する。現在の運用指針に新たな「類型」を加えるだけで、殺傷能力のある武器が輸出できるとみる。

たしかに三原則や運用指針には殺傷能力の有無に関する規定はない。浜田靖一防衛相は6

月1日の参院外交防衛委員会で「防衛装備移転三原則および運用指針においては殺傷能力のある兵器の移転が可能か否かについて言及されていない」と強調した。》

歓迎すべき「見直し」だが、ならば、今までの〝自主規制〟はなんだったのか。そうした脱力感にもかられる。

いずれにせよ、これで終われないのが朝日新聞。記事は続けて、「平和国家の信頼、無駄に」と鉤括弧付きの中見出しを掲げ、こう書いた。

《ただ、移転三原則の前文には「平和国家としての歩みを引き続き堅持」と明記されている。運用指針の解釈変更による武器輸出の拡大はこうした理念に反し、三原則の「形骸化」につながる懸念がある。公明党内には殺傷能力のある武器の輸出には慎重論が根強く、与党協議はまだ有識者から意見を聞いている段階だ。当初は6月21日の国会会期末までに結論を出すとの声が自民党内にあったが、難しい状況だ。》

結局、ぬか喜びではないか。しかも、朝日記事は、「学習院大の青井未帆（みほ）教授（憲法学）」の以下コメントで締めた。

「三原則に記述があるか否かという以上に、『日本が輸出した武器で人が死ぬのはおかしい』という規範が共有されてきたはずだ」、「これまで積み重ねてきた平和国家としての信頼を無駄にするようなもので、受け入れがたい解釈だ」

ならば、青井教授に問う。

外国が輸出した武器で人が死ぬのはおかしくないのか。日本やスイスが武器供与しない結果、多くのウクライナ国民が死ぬのはおかしくないのか。連日報道される惨状に、心が傷まないのか。「これまで積み重ねてきた平和国家としての信頼」というが、湾岸戦争で資金提供しかできなかった日本は「信頼」どころか、「感謝」すらされなかったではないか。

彼女らパシフィスト（反戦平和主義者）が掲げる「平和」とは、いったい何なのか。少なくとも、日本国民が「誠実に希求」すべき「正義と秩序を基調とする国際平和」（憲法9条）からは程遠い。

❖NATO事務総長が日本と韓国で述べたこと

今年一月三十一日、航空自衛隊入間基地（埼玉県）に降り立ったNATO（北大西洋条約機構）のストルテンベルグ事務総長が同基地で自衛隊員を前に、こうスピーチした。

「ウクライナでの戦争は、私たちの安全保障が密接に相互に結び付いていることを示している。もし、プーチン大統領がウクライナで勝利すれば、世界中の権威主義的指導者に、軍事力を行使すれば目的を達成できるという非常に危険なメッセージを送ることになる」

「私たちは危険で予測不能な世界に生きていて、民主主義と自由を信じる国の間に強力なパートナーシップが必要だ」

さらに、慶應義塾大学（東京都）でも、こう講演した。

「プーチン大統領はおよそ一年前、ウクライナを支配しようと侵略戦争を開始した。この戦争は、単なるヨーロッパの危機ではなく、世界の安全保障と安定に対する挑戦だ」

「もしプーチン大統領が勝利すれば『残虐な武力行使によって目的は達成できる』というメッセージを、モスクワと北京に送ることになる」

「安全保障は、一つの地域にとどまらないグローバルな課題だ」

翌二月一日も、都内でＮＨＫの単独インタビューに応じ、こう述べた。

「極めて重要なのは、兵器や弾薬の供与など軍事支援を行うことだ。ウクライナが確実に占領された領土を解放し、ロシアの侵略者たちを押し戻し、独立した主権国家として勝利するためだ」

おっしゃるとおりであろう。以上の事実は、日本の主要メディアも大きく報じたが、その直前、同じストルテンベルグ事務総長が、韓国で述べたことについては、ほとんど知られていない。

事務総長は韓国政府高官との会談で、こう述べた（ロイター参照）。

「欧州・北米の出来事は他の地域と相互に関連しており、NATOはアジアでのパートナーシップを強化することでグローバルな脅威の管理につなげたい」

さらに、ソウルでの講演で、韓国がウクライナに非致死性兵器支援を行ったことに謝意を示しつつ、弾薬が「緊急に必要」だとして、さらなる支援を求めた。

これまで韓国の尹錫悦（ユンソンニョル）大統領が「紛争中の国への武器提供は韓国の法律により禁じられており、ウクライナへの兵器提供は難しい」と述べてきたことを踏まえ、こうも述べた。

「ドイツ、スウェーデン、ノルウェーなどの国も同様の政策をとっていたが、変更された。独裁や専制に勝ってほしくないのであれば、（ウクライナには）武器が必要だ。それが現実だ」

「ウクライナ国民を守るためだけではなく、中国などの独裁的指導者に、『武力で何でも手に入れられる』という間違ったメッセージを送るのを避けるためにも、ロシアにこの戦争を勝たせないことが、極めて重要だ」

ＮＨＫも一月三十一日放送のＢＳ番組「国際報道２０２３」で、油井（ゆい）秀樹キャスターがこう解説した。

《ストルテンベルグ事務総長：独裁と専制政治の勝利を望まないのであれば韓国はウクライナに武器が必要だ。私は韓国に軍事支援を継続し、強化することを強く求める。

……韓国のユン大統領との会談でこう述べたストルテンベルグ事務総長。なぜ韓国かというと、実は兵器輸出大国だからなのです。この5年間の兵器輸出で、韓国は世界の中で第8位。しかも、この中で近年最も輸出額を伸ばしています。特にロシアによる侵攻後は顕著で、この1年間は過去最高の輸出額になる見通しです。（以下略）》

事実おっしゃるとおりだが、こう他人事のように解説するだけでよいのだろうか。べつに「日本も兵器輸出大国になれ」とは言わない。だがなぜ、韓国がここまで言われ、日本には、それを求めなかったのか。

はなから当てにされていないのか。今さら嘆いても仕方がないが、NATOのストルテンベルグ事務総長は、韓国に続き、日本でも直截（ちょくせつ）に、こう言うべきだった。

「日本が武器輸出を抑制してきたことは承知しているが、欧州諸国も政策を変更した。ウクライナには武器が必要だ。それが現実だ。たんにウクライナ国民を守るためだけではなく、中国や北朝鮮の独裁的指導者に、『武力で何でも手に入れられる』という間違ったメッセージを送るのを避けるためにも、ロシアにこの戦争を勝たせないことが、極めて重要だ」

もし、こう言われていたら、日本はどうしたのであろうか。そう考えただけで、暗澹たる気分に陥る。

私なら、台湾有事でも、こう諭す。

「日本が武器輸出を抑制してきたことは承知しているが、欧州諸国も政策を変更した。台湾には武器が必要だ。それが現実だ。たんに台湾国民を守るためだけではなく、中国や北朝鮮の独裁的指導者に、『武力で何でも手に入れられる』という間違ったメッセージを送るのを避けるためにも、中国にこの戦争を勝たせないことが、極めて重要だ」

もし、こう言われたら、日本はどうするのであろうか……。

❖日本に「国民」などいない

昨年末に出版された、小泉悠著『ウクライナ戦争』（ちくま新書）も借りよう。同書は「はじめに」こう述べる。

《結局のところ、大戦争は決して歴史の彼方になど過ぎ去っていなかった、というのが今回の戦争の教えるところであろう。テクノロジーの進化や社会の変化によって闘争の方法は様々に「拡張」していく。だが、それは大規模な軍隊同士の暴力闘争という、最も古典的な闘争形態が消えて無くなることを意味していたわけではなかった。》

ちなみに、同書は「今回の戦争を第二次ロシア・ウクライナ戦争と呼んで」おり、本文中でも、こう指摘する。

《第二次ロシア・ウクライナ戦争の「特徴」はテクノロジーによって新しくなったかもしれないが、戦争全体の「性質」は古い戦争からあまり大きく変わらなかった》

《この戦争は「ハイブリッドな戦争」ではあるものの、「ハイブリッド戦争」ではないと見るべきであろう》

この「な」の一字があるか、ないかが大違いなのだが、そこは小泉専任講師の著作を御参照いただきたい。同書で著者は、率直にこう反省する。

《今にして思えば希望的観測に引きずられ過ぎていたのではあるが、具体的なメリットもなしにプーチンが戦争を（それも非常に大規模な戦争を）はじめようとしているとは、当時の筆者にはどうにも信じられなかった。》

厚顔無恥な凡百の学者やコメンテーター連中とは、人間の出来が違う。なかには、侵攻後に出版された月刊誌で「侵攻はない」と断言した署名記事が掲載されたにもかかわらず、開き直って恥じない参議院議員もいる。以て瞑すべし。

同書は、大方の予想に反しウクライナが善戦できた理由について、こう指摘する。

《48時間で消滅するはずだったウクライナがこれほどまでに持ち堪えられた要因は、この点（クラウゼヴィッツのいう「国民」の要素）にも求めることができよう。》

私も、そう思う。上記のパーレン（丸括弧）内も引用である。クラウゼヴィッツのいう

「国民」とは、以下を指す。

《国家と自己を同一視して大量の犠牲を払う覚悟を持った「国民」という存在》

果たして、そのような「国民」が、この国にいるのだろうか。大きな疑問を禁じえない。

❖「どっちもどっち」ではない

月刊「文藝春秋」（昨年六月特別号）に「ウクライナ義勇兵を考えた私」を「緊急寄稿」した芥川賞作家の砂川文次さん、そしてBSフジの番組で「私は戦う」と明言し、「自国が侵略された時に、国民が抵抗するのが、そんなに不思議ですか」（昨年三月十六日放送）と、番組MCに強く反発した小泉悠さんの両名以外、そうした「国民」を私は知らない。

同書は「おわりに」こう書いた。

《この戦争は「どっちもどっち」と片づけられるものではない。（中略）ただ戦闘が停止されればそれで「解決」になるという態度は否定されねばならない。これはウクライナという国家が置かれた立場をめぐる道義的な議論にとどまらず、我が国が戦争に巻き込まれた場合（あるいは我が国周辺で戦争が発生した場合）にそのまま跳ね返ってきかねない問題だからである。それゆえに、日本としてはこの戦争を我が事として捉え、大国の

侵略が成功したという事例を残さないように努力すべきではないか。》

右丸括弧内の「我が国周辺で戦争が発生した場合」には、もちろん台湾有事が含まれる。そこで、以下のように言い換えることもできよう。

台湾有事は「どっちもどっち」と片づけられるものではない。ただ戦闘が停止されればそれで「解決」になるという態度は否定されねばならない。これは台湾が置かれた立場をめぐる道義的な議論にとどまらず、日本の安全保障にそのまま跳ね返ってきかねない問題だからである。それゆえに、日本としては我が事として捉え、大国の侵略が成功したという事例を残さないように努力すべきではないか……。

さらに小泉悠専任講師は今年1月4日に配信されたハフポスト日本版のインタビューでも、こう答えている。

《もし仮に日本が他国から攻撃を受けた場合でも「もう抵抗やめなさいよ、相手の軍門に下れば戦闘が止まるんだから」「世界経済にも迷惑かけるからやめなさい」みたいなことを他国から言われても、おかしくないと思うんですね。でも私はそうは言われたくありません。その意味で、今この場で、我々がウクライナを支えておくということに意味があると思っています。そういう意味で、この戦争は他人ごとではないという思いを強く持っているんです。》(『ウクライナ戦争』を書いた小泉悠さんは警告する「我々はチェスのプレイヤーではない」)

まさに、そのとおり。僭越ながら私も同じ思いで、前掲拙著を書いた。

たしかに、「もう抵抗やめなさいよ、相手の軍門に下れば戦闘が止まるんだから」「世界経済にも迷惑かけるからやめなさい」みたいなことを他国から言われても、おかしくないが、残念ながらそれ以前に、そうした〝無抵抗主義〟（パシフィズム）は日本国内からも上がるのではないだろうか。

さらに蛇足を重ねるなら、右インタビューも、こう言い換えられよう。

もし、日本が他国から攻撃を受けた場合に、「もう抵抗やめなさいよ、相手の軍門に下れば戦闘が止まるんだから」、「世界経済にも迷惑かけるからやめなさい」みたいなことを他国から言われても、おかしくありません。でも私は、そうは言われたくない。その意味で、我々が台湾を支えておくことには意味がある。けっして他人ごとではないという思いを強く持っています。

……小泉悠専任講師がこう語る未来が訪れないことを強く望む。

❖「NATOの東方拡大」を語るバカ保守

最後に、鶴岡路人著『欧州戦争としてのウクライナ侵攻』（新潮選書）を借りよう。

《国際政治の長い歴史に照らしても、これほどまでに白黒、善悪が明確であるのは珍しいといえるのが今回の戦争である。（中略）

今回の戦争におけるウクライナ人によるロシアへの抵抗は、人間が命をかけてでも守りたいものは何かという、戦後の日本人がほとんど問われることのなかった問題を投げかけている。》

そのとおり。けっして「どっちもどっち」ではない。「どっちもどっち」とうそぶく連中は、「人間が命をかけてでも守りたいものは何かという」根源的な問いから逃げているだけの卑怯で卑屈な恥知らずである。

いまだに、平然と「NATOの東方拡大が原因だ」云々、ロシアの代弁者を務める恥知らずな「保守」も少なくない。右鶴岡著は《ベーカー発言は「証拠」ではない》との見出しを掲げ、そうした連中に反論している。私も前掲拙著で敷衍（ふえん）したので、詳しい論拠は同書に譲り、本書では以下のように書いておこう。

そもそも「NATOの東方拡大」という言い方からして不適切きわまる。歴史的事実を正確に振り返れば、NATOが「東方拡大」したのではない。旧東側陣営諸国がそれぞれの国民自らの判断で、次々とNATOに加盟した。それが歴史的事実である。

今年、NATOが東京に連絡事務所を設置する動きが報じられた。

あいにく、フランスのマクロン大統領がＮＡＴＯのストルテンベルグ事務総長に反対の意向を伝えたこともあり、実現しなかったが、今後そうした動きが再燃する可能性は否定できない。

百歩譲って、かりに、左右の陰謀論者らが喧伝(けんでん)するごとく、「ＮＡＴＯの東方拡大がウクライナ戦争の原因だ」とするなら、こうも言えることになってしまう。

もし今後、たとえばＮＡＴＯの東京連絡事務所が設置されたとして、それを口実に、ロシアや、あるいは中国や北朝鮮などロシアの友好国が日本を侵略しても、「ＮＡＴＯの東方拡大が原因だ」ということになる。

……そんなバカな話があるはずがない。そう考えれば、陰謀論者らの妄言が、いかにバカげた屁理屈なのか、御理解いただけよう。彼ら彼女らに欠けているのは、知性だけではない。なにより正義と道徳の感覚が欠如している。じつに嘆かわしい。

❖戦争は無くならない

ＮＨＫ総合テレビが「ヒューマンエイジ 人間の時代」と題した「大型シリーズ」番組を、日曜日のゴールデン枠で放送している。番組公式サイトはこう謳う。

《繁栄を極める一方で、地球環境に危機をもたらしている「人間」。それでも「もっと豊かに」という欲望を止められない。人間とは一体何者か?この先どこへ向かうのか?「ヒューマンエイジ」は、そんな人間の謎にあらゆる分野の英知を結集して迫り、未来を希望に変えるカギを探す大型シリーズ。》

その「第1集 人新世 地球を飲み込む欲望」の初回放送日は今年六月十一日だった。

《「人間の際限ない欲望」の正体。最新科学で人間ならではの欲望の仕組みが見えてきた。それを乗り越え、破滅を回避する手だてとは?》（同前）

そのような「手だて」が簡単に見つかるとは思えないが、そこはいったん目を瞑ろう。問題は、「戦争 なぜ殺し合うのか」と題した第2集である（六月十八日初回放送）。

《歴史上記録に残る戦争や紛争を調べ上げると、その数1万回以上。総死者数は1億5千万人にものぼる。今もやまない戦火。なぜ人間はこれほど戦争にとりつかれたような生き物になってしまったのか。最新研究から、人間の「仲間と助け合う本能」が、同時に戦争への衝動を生む皮肉なメカニズムが見えてきた。それを乗り越えて、平和な世界へ向かうことはできるのか。俳優・鈴木亮平が多様な分野の第一線の専門家と共に探求していく。》（同前）

番組は、とくに「オキシトシン」（いわゆる幸せホルモン）に着目しながら、《人間の「仲間と助け合う本能」が、同時に戦争への衝動を生む皮肉なメカニズム》を解説していた。はたして、それを「皮肉」とみなすべきか否かは、さておく。

いずれにせよ、番組が解説したとおり、あくまでも人間の「本能」なのだ。なのに、「それを乗り越えて、平和な世界へ向かうことはできるのか」と問いかけるのは、どうかしている。

それ以前に、番組が「あらゆる分野の英知を結集して迫り、未来を希望に変えるカギを探す大型シリーズ」と大風呂敷を広げたのも、どうか。

もし万一、そんな「カギ」が見つかるのなら、警察も裁判所も自衛隊も不要となろう。少なくとも私は、ＮＨＫの夢想論より、以下の古典的名著に得心する。

「人間は戦争を止められない。止められないから軍隊を必要とする。この地上から軍隊が無くなる日、それはすべての人間が全くの獣か、それとも全くの天使になる日である。（中略）人間の中には天使と獣がいる。獣しかいないのなら、或は天使しかいないのなら、人間は決して殺し合ひをしないであろう」（松原正『我々だけの自衛隊』展転社・原文の歴史的仮名遣いママ）

❖NHKの悪質な印象操作

同番組は冒頭、俳優の鈴木亮平さんが、こうナレーションした。

「今も各地で激しい争いが続くなか、反戦と平和への願いを訴える人々。その一方で生み出され続ける新たな兵器。次の戦争の備えが、もう始まっている」

最初は、ウクライナなどの戦闘場面を流しながら。続けて、「2023年3月　千葉　幕張　防衛・セキュリティー総合展示会」（番組テロップ・以下同）の映像を流しながら、上記のナレーションで視聴者を導入した。

展示会場には、多数の自衛官の姿も映っていた。加えて番組は、熱心に装備品の説明を受けている、陸上自衛隊の制服を着た3名の幹部自衛官をアップで映した。

それだけではない。「ウィンドーショッピングですね」と哄笑する「来場者」や、「標的を簡単に〝料理〟できますよ」と説明する「軍需企業」の職員らを映しながら、「いったい私たち人間とは何者なのか?」と問いかけた。

じつに悪質な印象操作としか、言いようがない。俗悪なパシフィズム（反戦反軍平和主義）が番組を覆っていた。

ちなみに、スタジオには「専門家」として、「人間の社会や文化のあるべき姿を模索」しているらしい「総合地球環境学研究所　所長」の「山極壽一さん」が登場。番組は触れなかったが、山極所長は、軍事研究を全否定した日本学術会議の第24期会長であり、同方針の中核的存在である。

番組後半には、「世界の紛争地で平和構築を目指す」「認定NPO法人REALs理事長」の「瀬谷ルミ子さん」もスタジオに登場した。TBS「サンデーモーニング」のコメンテーターとしても知られ、『職業は武装解除』（朝日文庫）と題した自著もある。

他に、「古代エジプトの社会構造を研究」する「名古屋大学高等研究院　准教授」の「河江肖剰さん」を含む以上3名の人選が、放送法の求める編集姿勢（公平など）に合致しているだろうか。

シリーズ2回目にして、はや、この有り様。先が思いやられる。

❖「天声人語」の「国を守るとは何か」

昨年十月一日に筆者が交代した影響なのだろうか（同日から郷富佐子、古谷浩一、谷津憲郎の論説委員3名が交代執筆）。久しぶりに「らしい」看板コラムが掲載された。朝日新聞らしく、いかにも「天声人語」らしい。

昨年十二月八日付「朝日新聞」朝刊一面にはないが、「朝日新聞デジタル（版）」では、「国を守るとは何か」との見出しが付けられている。

命名者によると、「天声人語」という連載タイトルは「天に声あり、人をして語らしむ」という中国の古典に由来するらしいが、以下のとおり、同日付コラムは、天（皇）の声を借りて、「朝日新聞綱領」が掲げる「進歩的精神」とやらを語っている。

コラムは、記者が朝日新聞の社機「あすか」に乗って「舞鶴山一帯を上空から見た」というエピソードから始まる。続けて、こう書いた。

《日本陸軍がこの山々の中に巨大な地下壕「松代（まつしろ）大本営」の建設を始めたのは敗戦間近の1944年。東京が戦場になるのに備え、皇居や大本営を移転する計画だった。国民の命よりも「国体」の維持が最優先された時代を如実に示す話だ》

さらに、林虎雄（旧社会党の政治家）著『過ぎて来た道』を論拠に、戦後、長野を訪れた昭和天皇が「この辺に戦時中無駄な穴を掘ったところがあるというがどのへんか？」と「尋ねたそうだ」と紹介したうえで、「指導層だけが地下にこもって戦争を続けようとした史実を、天皇も気にしていたのだろう」と書いた。

コラムの最後も以下のごとく、虎の威ならぬ天の威（昭和天皇の御威光）を借りている。

《機中からは幾十にも尾根が複雑に絡み合った信州の山々が見えた。その山あいに隠れるようにして天皇が移り住む予定だった建物もあった。遠くには東京のビル群が白くかすんでいる。きょうで真珠湾攻撃から81年。》

本当に、昭和天皇が「無駄な穴」と御発言されたのか。「天声人語」は「尋ねたそうだ」と書いたが、日本共産党の推薦を受け当選した社会主義者の著作だけでは判断しづらい（これ以上の追及は控える）。

問題は、コラムが〝天の威〟を借りながら、次のとおり、「敵基地攻撃能力」の保有と防衛費の増額を批判したことだ。

《時を経て、いま日本の安全保障は転換点を迎えている。「敵基地攻撃能力」を持つといい、今後5年間の防衛費を1・5倍超にするという。専守防衛を揺るがす重大事なのに何とも慌ただしく議論が進んでいるようで心配になる▼そもそも国を守るとは何なのか。大切なのは国民一人ひとりの命が最大限に尊重され、暮らしが守られること。領土防衛や抑止力強化を叫ぶのもいいが、武力だけで語れるほど単純な話ではあるまい》

全国の大学「入試出題数№1」の看板コラムにしては、底が浅い。

公正を期そう。朝日が「反撃能力」と呼ばず、あくまでも「敵基地攻撃能力」と呼ぶのはよい。理由や動機は違えど、私もほぼ同意見である。

だが、その保有を批判しつつ、同時に「今後5年間の防衛費を1・5倍超にする」ことに対して、「専守防衛を揺るがす重大事なのに何とも慌ただしく議論が進んでいるようで心配になる」とは、いったいなんだ。

朝日記者が「心配になる」のは勝手だが、問題は、その原因ないし理由であろう。それが、「何とも慌ただしく議論が進んでいるようで」、ときた。こんな腰の引けた表現が許されるなら、「天声人語」子など、誰にでも務まるであろう。

そもそも、国を守るとは何なのか。その結論もおかしい。「大切なのは国民一人ひとりの命が最大限に尊重され、暮らしが守られること」ではない。あえてコラムを借りれば、「国体」の維持（國體護持）である。

けっして暴論ではない。歴代総理以下、政治家もマスコミも勘違いしているが、国民一人ひとりの命や暮らしを守るのは、警察や海上保安庁の仕事であり（警察法二条など）、「国を守る」べき自衛隊の任務ではない（自衛隊法三条他）。

「領土防衛や抑止力強化を叫ぶのもいいが、武力だけで語れるほど単純な話ではあるまい」との一文にも驚く。なるほど「武力だけで語れるほど単純な話」ではない。だが、武力がなければ、いくら「領土防衛や抑止力強化」を叫んでも、むなしい。それが「ウクライナの教訓」ではないのか。

いや、それ以前に、いったい誰が「武力だけで」語ったというのか。まず、その実名を挙げよ。これほどひどい印象操作も久しぶりではないか。この秋に筆者が交代するまで、ここまで最低のコラムは私の記憶にない。

❖リベラリズムへの不満を語った日米の碩学（せきがく）

《『歴史の終わり』から30年　自由と民主主義への最終回答》

フランシス・フクヤマ特別招聘教授（スタンフォード大学）の新刊『リベラリズムへの不満』（新潮社）に巻かれた帯ネームは、そう記す。

あれから30年も経つのか……。多くの中高年読者同様、私も深い感慨を覚える（当時、拝顔の栄に浴した）。

案外知られていないが、『歴史の終わり』の原題は「The End of History and the Last Man」。

《原題を直訳すると『歴史の終わりと最後の人間』だが、渡部昇一が日本語訳したタイトルは『歴史の終わり』（三笠書房）である。また『歴史の終焉』のタイトルで言及されることも多い。》（ウィキペディア）

そのとおりだが、これらの訳語は、単純な誤解も招いた。上記新刊の「訳者あとがき」を借りよう。

《単純な誤解が多いので付け加えるが、「歴史の終わり」とは、時間の流れの中で起きる事件や事変が終わるという意味ではない。フクヤマ自身も指摘するように「終わり（end）」とは終結という意味ではなく、むしろ目標という意味を込めて使っている。》

ちなみに、訳者は共同通信社ワシントン支局長や同論説委員長を歴任した会田弘継客員教授（関西大学）。フクヤマの『政治の起源』、『政治の衰退』（講談社）や、ラッセル・カーク著『保守主義の精神』（中公選書）などの翻訳も手掛けてきた名手である。

フクヤマの新刊は、その「序」で、《Z世代の活動家の多くは、リベラリズムを時代遅れのベビーブーマー世代の考え方であり、自己改革ができない「体制」であると考え、いら立っている》と指摘する。続く第1章で「近年、最も激しく攻撃されているのは、民主主義ではなくリベラリズムである」とも書く。その上で、こう指弾した。

《多様性を統治する制度的メカニズムとして始まったリベラルな社会は、そのメカニズムそのものを脅かすような新しい形態の多様性を生み出した。》

次のとおり、「進歩的左派」への指弾も厳しい。

《妊娠中絶や同性婚などの問題に対し深く根付いている宗教的信条は、重要な道徳的問題に

対するひとつの理解としてあり得るものだと許容することはせず、根絶されるべき偏見と先入観の一例に過ぎないとみなす。》

新刊の最後を、こう締めた。

《個人の自律性が充実感の源であるとしても、無制限の自由と制約の絶え間ない破壊が人をより充実させるということにはならない。時には、制限を受け入れることで充実感が得られることもある。個人として、共同体として中庸を取り戻すことが、リベラリズムそのものの再生、いや、存続の鍵になるのである。》

最近では、「憲法学者」と自称しながら、改憲派を「サル」呼ばわりした国会議員など多くの顔が浮かぶが、これ以上は論及しない。ここでは、以上を念頭に、以下の文章も、お読みいただきたい。

《日本の進歩主義者は、進歩主義そのもののうちに、そして自分自身のうちに、最も悪質なファシストや犯罪者におけるのと全く同質の悪がひそんでゐることを自覚してゐない。一口に言へば、人間の本質が二律背反にあることに、彼等は思ひいたらない。したがつて、彼等は例外なく正義派である。愛国の士であり、階級の身方であり、人類の指導者である。そのスローガンは博愛と建設の美辞麗句で埋められてゐる。正義と過失とが、愛他と自愛とが、建設と破壊とが同じ一つのエネルギーであることを、彼等は理解しない。彼等の正義感、博愛主義、建設意思、それらすべてが、その反対の悪をすつかり消毒し、払拭しさつたあとの善意だと思ひこんでゐる。

その何よりの証拠に、彼等は一人の例外もなく不寛容である。自分だけが人間の幸福な在り方を知つており、自分だけが日本の、世界の未来を見とほしてをり、万人が自分についてくるべきだと確信してゐる。そこには一滴のユーモア（諧謔）もない。ユーモアとは相手の、そして同時に自分の中のどうしやうもないユーモア（気質）を眺める余裕のことだ。感情も知性と同じ資格と権利とを有することを、私たちの生全体をもつて容認することだ。過去も未来と同様の生存権を有し、未来も過去と同様に無であることを、私達の現在を通して知ることだ。そこにしか私たちの「生き方」はない。それが寛容であり、文化感覚といふものではないか。》（福田恆存「進歩主義の自己欺瞞」）

福田は昭和三十五年一月号の「文藝春秋」にこう書いた。それから六十三年が経つ。

昔も今も、昭和日本の進歩主義であれ、現代アメリカのリベラリズムであれ、彼ら彼女らは「例外なく正義派」であり、「一人の例外もなく不寛容である」。もって瞑すべし。

第6章

「反撃能力」の虚像と実像

2022年11月6日、国際観艦式に参加した海上自衛隊のイージス艦「あしがら」。八角形の大型レーダーがイージス艦の特徴。神奈川県沖の相模湾上で撮影［時事通信フォト］

❖防衛白書コラム「ロシアによるウクライナ侵略の教訓」

まずは、最新の令和五年（二〇二三年）版「防衛白書」を借りよう。最新白書は「ロシアによるウクライナ侵略の教訓」と題した解説コラムでこう述べた。

《国連安保理常任理事国であるロシアがウクライナへの侵略を行った事実は、自らの主権と独立の維持は我が国自身の主体的、自主的な努力があって初めて実現するものであり、他国の侵略を招かないためには自らが果たし得る役割の拡大が重要であることを教えています。》（傍線は潮補記・以下同）

冒頭の「ロシア」を「中国」に、「ウクライナ」を「台湾」に置き換えて、読んでみてほしい。本来なら当たり前ながら、「自らの主権と独立の維持は我が国自身の主体的、自主的な努力があって初めて実現する」という事実の重みが、より身近に感じられるのではないだろうか。

続く段落も同様に読み替えることができよう。

《ロシアがウクライナを侵略するに至った軍事的な背景としては、ウクライナのロシアに対する防衛力が十分ではなく、ロシアによる侵略を思いとどまらせ、抑止できなかった、つまり、十分な能力を保有していなかったことにあります。また、どの国も一国では自国の安全を守ることはできない中、外部からの侵攻を抑止するためには、共同して侵攻に対処する意思と能力を持つ同盟国との協力の重要性が再認識されています。さらに、高い軍事力を持つ国が、あるとき侵略という意思を持ったことにも注目すべきです。脅威は能力と意思の組み合わせで顕在化するところ、意思を外部から正確に把握することには困難が伴います。国家の意思決定過程が不透明であれば、脅威が顕在化する素地が常に存在します。このような国から自国を守るためには、力による一方的な現状変更は困難であると認識させる抑止力が必要であり、相手の能力に着目した自らの能力、すなわち防衛力を構築し、相手に侵略する意思を抱かせないようにする必要があります。》

本書第2章で前述したとおり、「ロシアによる侵略を思いとどまらせ、抑止できなかった」という失敗の教訓は重い。われわれは全力で、中国による侵略を思いとどまらせ、抑止しなければならない。

後段の傍線部にも注目いただきたい。ロシアと中国は、同じ国連安保理常任理事国であると同時に、どちらも、国家の意思決定過程が不透明な権威主義国家であり、独裁体制を敷く全体主義国家である。台湾有事という「脅威が顕在化する素地が常に存在」していることを忘れてはならない。

❖防衛省パンフレット「なぜ、いま防衛力の抜本的強化が必要なのか」

最新版「防衛白書」に先だち公表された広報パンフレット「なぜ、いま防衛力の抜本的強化が必要なのか〜戦後、最も厳しく複雑な安全保障環境の中で、国民の命と平和な暮らしを守り抜くために〜」（防衛省）の記述も注目に値する。

「国の防衛の必要性」と題したページで、「戦争を未然に防ぐためには」として、こう書いた。

《他国との外交によって戦争を未然に防ぐことが最も重要です。しかし、外交努力を尽くしても戦争に至ってしまうことがあります。

軍事的には、ウクライナは、ロシアから「国を守るために十分な力を持っていない」と思われたため、ロシアに侵略を思いとどまらせることができませんでした。

戦争を未然に防ぐためには、国を確実に守り抜く力をもって、他の国に「日本を攻めても目標を達成できない」と思わせることが必要です。》

続けて「国内では／警察が犯罪行為を取り締まる／犯罪行為には刑罰が科せられる」一方、「国際社会では／警察や国内裁判所のように強制的な執行力を持つ機関は存在しない／国際連合安全保障理事会常任理事国のロシアがウクライナを侵略」したと注意を喚起する。

そのうえで、「国際社会が戦後最大の試練の時を迎える中で日本は」と題し、こう書いた。

《我が国周辺の安全保障環境は世界的にも特に厳しく、欧州で起きていることはこの地域でも起こる可能性があります。「力による一方的な現状変更」を抑止するためには、相手の能力に着目しつつ、新しい戦い方に対応できる防衛力を備えた国家になる必要があります。》——傍線部が台湾有事の可能性を示唆していることは疑いない。

以上は本来なら、防衛省がわざわざ白書やパンフレットで広報する必要のない、いわば常識に属することであろう。だが残念ながら、パシフィズムに毒された日本では、「国際社会では警察や国内裁判所のように強制的な執行力を持つ機関は存在しない」という当たり前の常識から説き起こす必要がある。

いずれにせよ、こうした認識を踏まえ、政府は昨年末、いわゆる「安保3文書」を策定するに至った。その直前の十一月二十二日、防衛力の抜本的な強化を検討してきた有識者会議の佐々江賢一郎座長（元駐アメリカ大使）が岸田文雄総理に報告書を提出した。改めて、その内容を振り返ってみよう。

焦点の「反撃能力」（敵基地攻撃能力）については、以下のとおり「不可欠である」と明記された。

《インド太平洋におけるパワーバランスが大きく変化し、周辺国等が核ミサイル能力を質・量の面で急速に増強し、特に変則軌道や極超音速のミサイルを配備しているなか、わが国の反撃能力の保有と増強が抑止力の維持・向上のために不可欠である。なお、反撃能力の発動については、事柄の重大性にかんがみ、政治レベルの関与の在り方についての議論が必要である。その際、国産のスタンド・オフ・ミサイルの改良等や外国製のミサイルの購入により、今後5年を念頭にできる限り早期に十分な数のミサイルを装備すべきである。》

加えて、下記のとおり「継戦能力」向上の必要性についても明記された。

《リアルな継戦能力を高めることは、抑止力と対処力の向上につながる。そのためには、これまで十分に手が回らなかった弾薬や有事対応に必要な抗堪(こうたん)性の高い施設等のその戦力の基礎となる部分を着実に整備していくことが必要である。自衛隊に常設統合司令部と常設統合司令官を設置することも早急に検討する必要がある。》

なお、後段の「常設統合司令部」および「常設統合司令官」の設置については、前述のとおり、人気コミック『空母いぶき　GREAT GAME』のなかで「統合総隊司令官」が登場している。手前味噌ながら、みたび、現実がコミックを後追いした格好だ。

❖論議を呼んだ防衛増税

さらに報告書は、《現在、わが国が置かれている安全保障環境は、非常に厳しく、「待ったなし」の状況にあり、中途半端な対応ではなく、防衛力の抜本的強化をやり切るために必要な水準の予算上の措置をこの5年間で講じなければならない。》と明記したうえで、「縦割りを打破した総合的な防衛体制の強化」に加え、「防衛産業は防衛力そのものといえる」と記述したうえで、「より積極的に育成・強化を図っていく必要がある」とも明記した。

いずれも妥当かつ適切な指摘と考える。

議論を呼んだのは、「経済財政の在り方について」の部分である。報告書は「国力としての防衛力を強化するためにも、経済力を強化する必要がある」としつつも、「国債発行が前提となることがあってはならない」と明記した。保守陣営が合唱した「防衛国債」発行論を明確に退けた格好だ。

すでに「保守」陣営は、報告書を「財務省の増税路線に屈した」云々の脈絡で批判している。果たして、いずれの主張が妥当なのであろうか。

まずは虚心坦懐に報告書を読んでみよう。

《英国政府の大型減税策が大幅なポンド安を招いたことは、国際的なマーケットからの信認を維持することの重要性を示唆しており、既に公的債務残高の対ＧＤＰ比が高いわが国は、なおさらそのことを特に認識しなければならない。加えて、安全保障上のツールとして金融制裁を活用するケースが増えてきており、金融市場に強いストレスがかかった際、有事におけるわが国経済の安定を維持できる経済力と財政余力がなければ、国力としての防衛力がそがれかねない点にも留意が必要である。その意味で、防衛力の抜本的強化を図るには、経済情勢や国民生活の実態に配慮しつつ、財政基盤を強化することが重要である。》

私は必ずしも経済の専門家ではないが、報告書の指摘は筋がとおっているように思える。

加えて以下の結論部分には、大きく膝を打った。

《歴史を振り返れば、戦前、多額の国債が発行され、終戦直後にインフレが生じ、その過程で、国債を保有していた国民の資産が犠牲になったという重い事実があった。第二次大戦後に、安定的な税制の確立を目指し税制改正がなされるなど、国民の理解を得て歳入増の努力が重ねられてきたのは、こうした歴史の教訓があったからだ。

そうした先人の努力の土台の上に立って、国を守る防衛力強化が急務となっているなか、国を守るのは国民全体の課題であり、国民全体の協力が不可欠であることを政治が真正面から説き、負担が偏りすぎないよう幅広い税目による負担が必要なことを明確にして、理解を

得る努力を行うべきである。》

いくら防衛費を増額し、「十分な数のミサイルを装備」しようとも、国民の支持がなければ、自衛隊は戦えない。

報告書が明記したとおり、国を守るのは国民全体の課題であり、国民全体の協力が不可欠であることを政治が真正面から説くことが最も重要な課題である。岸田内閣の使命は、この一点にかかっている。

❖指弾された「ロシアによるウクライナ侵略」

昨年十二月十六日、政府はいわゆる「安保3文書」を（国家安全保障会議と）閣議で決定した。

具体的には「国家安全保障戦略」、「国家防衛戦略」、「防衛力整備計画」の三つである。上から下へ順に、それぞれ内容が具体的になっていく。合わせて105ページ。加えて説明資料が作成された。まずは、「国家安全保障戦略」を中心に見ていこう。

なお以下、「安保3文書」からの引用部分について、読者が原典を確認する上での利便性を図るべく、それぞれの章見出しを丸括弧内で示した。機会があれば、ぜひ一度、原典を一読されることを、お勧めしたい。本書が、その道標となれば、幸いである。

「国家安全保障戦略」は「おおむね10年の期間を念頭に置き」、「我が国の安全保障に関する基本的な原則」や「課題」などを示した。平成二十五年（二〇一三年）に、第二次安倍晋三政権が、戦後初の「国家安全保障戦略」を策定して以来、今回が初めての見直しである。令和の「国家安全保障戦略」は、冒頭部分を、こう書き出す。

《国際社会は時代を画する変化に直面している。グローバリゼーションと相互依存のみによって国際社会の平和と発展は保証されないことが、改めて明らかになった。自由で開かれた安定的な国際秩序は、冷戦終焉以降に世界で拡大したが、パワーバランスの歴史的変化と地政学的競争の激化に伴い、今、重大な挑戦に晒されている。》（「I　策定の趣旨」）

さらに、こうも書いた。

《普遍的価値を共有しない一部の国家は、独自の歴史観・価値観に基づき、既存の国際秩序の修正を図ろうとする動きを見せている。人類が過去一世紀近くにわたって築き上げてきた武力の行使の一般的禁止という国際社会の大原則が、国際社会の平和及び安全の維持に関する主要な責任を有する国際連合安全保障理事会（中略）の常任理事国により、あからさまな形で破られた。》（同前）

名指しこそ避けているが、「ロシアによるウクライナ侵略」を指していることは、誰の目にも明らかであろう。げんに、こうも書いている。

《我が国周辺に目を向ければ、我が国は戦後最も厳しく複雑な安全保障環境に直面している。ロシアによるウクライナ侵略により、国際秩序を形作るルールの根幹がいとも簡単に破られた。同様の深刻な事態が、将来、インド太平洋地域、とりわけ東アジアにおいて発生する可能性は排除されない。》(同前)

それだけではない。「現在の国際的な安全保障環境の複雑さ、厳しさを表す顕著な例」として、こう明記した。

《他国の領域主権等に対して、軍事的及び非軍事的な手段を組み合わせる形で、力による一方的な現状変更及びその試みがなされている。特に、ロシアによるウクライナ侵略は、武力の行使を禁ずる国際法の深刻な違反であり、国際秩序の根幹を揺るがすものである。》(Ⅳ我が国を取り巻く安全保障環境と我が国の安全保障上の課題)

右に引用した「我が国を取り巻く安全保障環境と我が国の安全保障上の課題」と題された箇所では、以下のように、治安上の問題に言及した指摘もある。

《先端技術研究とその成果の安全保障目的の活用等について、主要国が競争を激化させる中で、一部の国家が、他国の民間企業や大学等が開発した先端技術に関する情報を不法に窃取(せっしゅ)した上で、自国の軍事目的に活用している。》(同前)

❖木を見せて森を見せない報道

同様に、「国際テロ対策」と題して、こうも述べている。

《テロはいかなる理由をもってしても正当化できず、強く非難されるべきものであり、国際社会と共に、断固とした姿勢を示し、テロ対策を講じていく。具体的には、国際テロ対策を推進し、また、原子力発電所等の重要な生活関連施設の安全確保に関する我が国国内での対策を徹底する。

さらに、在外邦人等の安全を確保するための情報の共有を始め、各国、民間企業等との協力体制を構築する。また、国際テロ情勢に関する情報収集・分析の体制や能力を強化する。》（Ⅳ　我が国が優先する戦略的なアプローチ）

失礼ながら、大多数の読者にとって、初耳ではないだろうか。そうだとしても、やむを得ない。なぜなら、多くのマスメディアが、「国家安全保障戦略」が明記した「反撃能力」にフォーカスし、「安保政策の大転換」などと批判的に報じたからである。

このため、「国家安全保障戦略」の重要な記述が、ほとんど報道されなかった。言わば、「反撃能力」という木だけを見せて、「安保3文書」という森を見させないような偏向報道が目立った。

パシフィズム（反軍平和主義）に歪んだ偏見を排して、公正な視点で眺めれば、「安保3文書」で論ずべき点は、ひとつ「反撃能力」に留まらない。

たとえば、「国家安全保障戦略」で注目すべきは、「我が国は戦後最も厳しく複雑な安全保障環境に直面している」との現状認識が明記されたことである（と考える）。

こうした深刻な現状認識が、今回の「安保3文書」改定につながったとも言えよう。この点を看過して、「安保3文書」を「軍事一辺倒」とか、「安保政策の大転換」などと批判するのは、当を得ない。

げんに「国家安全保障戦略」は、「我が国の安全保障に関わる総合的な国力の主な要素」として、以下のとおり列挙した（それぞれ続く説明部分は略す）。

《第一に外交力である。
第二に防衛力である。
第三に経済力である。
第四に技術力である。
第五に情報力である。》（同前）

右のとおり、軍事力でも、防衛力でもなく、外交力が「第一」と明記している。その上で、続けて、こうも明記した。

《国家安全保障の基本は、法の支配に基づき、平和で安定し、かつ予見可能性が高い国際環境を能動的に創出し、脅威の出現を未然に防ぐことにある。》

❖ 中国による「最大の戦略的な挑戦」

見てのとおり、「軍事一辺倒」でも、なんでもない。ただし続けて、こう明記されたことを見過ごすべきでない。

《防衛力は、我が国の安全保障を確保するための最終的な担保であり、我が国を守り抜く意思と能力を表すものである。国際社会の現実を見れば、この機能は他の手段では代替できない。》

右こそ、安全保障を考えるうえで、見落としてはならない重要なポイントである。

なるほど「国家安全保障戦略」が明記したとおり、外交力をはじめ、経済力や技術力、加えて情報力もそれぞれ「我が国の安全保障に関わる総合的な国力の主な要素」であり、みな重要であろう。

だが、それらはいずれも、「我が国の安全保障を確保するための最終的な担保」とはなり得ない。私に言わせれば、日本政府が「防衛力」と呼ぶ軍事力だけが「我が国を守り抜く意思と能力を表す」「最終的な担保」であり、国際社会の現実を見るまでもなく、「この機能は他の手段では代替できない」。

さらに踏み込んでいえば、「防衛力」（軍事力）の「最終的な担保」が自衛官（軍人）であり、彼ら彼女らが果たす機能は他の職業では代替できない。

たとえば、少なくとも法的には、理論上、自衛官が警察官に代替することがあり得るが（自衛隊法上、警察官職執行法が準用される場合など）、その逆は、法的にも実際にも、起こり得ない。

念のため付言すれば、もし有事において、警察官が自衛官（軍人）の代替を果たすようなことがあれば、国際法上（ジュネーヴ諸条約など）、重大な問題をはらむ。

話が横道にそれた。先ほど名指しこそ避けているが、「ロシアによるウクライナ侵略」を非難した「国家安全保障戦略」の記述を引いた。そこで、こう書かれていたことを、思い出してほしい。

《人類が過去一世紀近くにわたって築き上げてきた武力の行使の一般的禁止という国際社会の大原則が、国際社会の平和及び安全の維持に関する主要な責任を有する国際連合安全保障理事会（中略）の常任理事国により、あからさまな形で破られた》

たしかに、そのとおりだが、それだけでもあるまい。日本政府があえて「国際連合安全保障理事会（中略）の常任理事国により」と書いたのは、ロシアに加えて、（同じく常任理事国の）中国を念頭に置いたからに違いない。

けっして偏狭な思い込みではない。先に引用したとおり、「国家安全保障戦略」は、続けてこう書いている。

《ロシアによるウクライナ侵略により、国際秩序を形作るルールの根幹がいとも簡単に破られた。同様の深刻な事態が、将来、インド太平洋地域、とりわけ東アジアにおいて発生する可能性は排除されない。》

ロシアによるウクライナ侵略と「同様の深刻な事態が、将来、インド太平洋地域、とりわけ東アジアにおいて発生する」とき、ロシアに代わる、新たな侵略者は誰か。

その答えは、「国家安全保障戦略」の以下の記述が指し示している（と考える）。

《中国は、「中華民族の偉大な復興」、今世紀半ばまでの「社会主義現代化強国」の全面的完成、早期に人民解放軍を「世界一流の軍隊」に築き上げることを明確な目標としている。中国は、このような国家目標の下、国防費を継続的に高い水準で増加させ、十分な透明性を欠いたまま、核・ミサイル戦力を含む軍事力を広範かつ急速に増強している。

また、中国は、我が国の尖閣諸島周辺における領海侵入や領空侵犯を含め、東シナ海、南シナ海等における海空域において、力による一方的な現状変更の試みを強化し、日本海、太平洋等でも、我が国の安全保障に影響を及ぼす軍事活動を拡大・活発化させている。さらに、中国は、ロシアとの戦略的な連携を強化し、国際秩序への挑戦を試みている。》（Ⅳ　我が国を取り巻く安全保障環境と我が国の安全保障上の課題）

❖もはや楽観視は許されない

さらに、いわゆる台湾有事の懸念に触れながら、こうも述べた。

《現在の中国の対外的な姿勢や軍事動向等は、我が国と国際社会の深刻な懸念事項であり、我が国の平和と安全及び国際社会の平和と安定を確保し、法の支配に基づく国際秩序を強化する上で、これまでにない最大の戦略的な挑戦であり、我が国の総合的な国力と同盟国・同志国等との連携により対応すべきものである。》（同前）

日本政府として、それなりに踏み込んだ記述と言えよう。

今も多くの「識者」が台湾有事の可能性を過小評価して恥じない。いわく「中国もそこまで馬鹿じゃない」、「侵攻しても損得勘定にあわない」などと。

だが、ロシアによるウクライナ侵略の直前まで、ほぼすべての日本人「識者」が同様の希望的観測を語っていたことを忘れてはならない。

「国家安全保障戦略」が、最後に「結語」として述べたとおり、「歴史の転換期において、我が国は戦後最も厳しく複雑な安全保障環境の下に置かれることになった。将来の国際社会の行方を楽観視することは決してできない」。

「結語」は続けて、こうも述べた。

《我々は今、希望の世界か、困難と不信の世界のいずれかに進む分岐点にあり、そのどちらを選び取るかは、今後の我が国を含む国際社会の行動にかかっている。》

そのとおり。わが国は、けっして傍観者であってはならない。見てきたとおり、「国家安全保障戦略」は、わが国が「戦後最も厳しく複雑な安全保障環境の下に置かれることになった」現実を、我々に突きつけている。もはや「楽観視」は許されない。

いずれにせよ「国家安全保障戦略は、その内容が実施されて、初めて完成する」(Ⅷ 本戦略の期間・評価・修正)。

政府が本戦略を着実に実施することを願ってやまない。

❖本当に「安保政策の大転換」なのか？

いわゆる「安保3文書」を多くのマスメディアが「安保政策の大転換」などと批判的に報じたことは記憶に新しい。メディアがフォーカスしたのは、「国家安全保障戦略」に明記された「反撃能力」である。当時の報道を振り返ってみよう。閣議決定に先立ち、公共放送（NHK）はこう報じた。

《政府は外交・防衛の基本方針である「国家安全保障戦略」など3つの文書を16日に閣議決定する方針です。敵のミサイル発射基地などをたたく「反撃能力」の保有が明記されていて、安全保障政策の大きな転換となります》

閣議決定の翌日付「朝日新聞」朝刊も、《安保政策の大転換 「平和構築」欠く力への傾斜》と題した社説を掲げ、こう激しく批判した。「国民的議論のないまま、戦後の抑制的な安保政策を大転換し、平和構築のための構想や努力を欠いた力への傾斜は、危ういと言うほかない」。

同様に、毎日新聞も「安保戦略の閣議決定　国民的議論なき大転換だ」と題した社説で、「専守防衛の原則に基づく、戦後日本の安全保障政策の大転換である。本来、国会で熟議を重ねて、国民に説明を尽くさなければならない。それを怠ってきた岸田文雄首相の責任は極めて重い」と非難した。

東京新聞も「安保3文書を決定　平和国家と言えるのか」と題した社説を掲げ、《岸田文雄首相は、安全保障政策を大転換しても「日本は平和国家だ」と胸を張れるのか》と非難した。

他方、読売新聞は「安保3文書改定　国力を結集し防衛体制強めよ」と題した社説で、「これまでの安全保障政策と、防衛費の水準を大きく見直す歴史的な改定だ。政府は、脅威を見据え、新たな計画を着実に実行する必要がある」と評価した。

以上のように、主要メディアは「反撃能力」に注目しつつ、「安保政策の大転換」などと報じた。

思い出せば、いわゆる安保法制（平和安全法制）のときもそうだった。同法案が閣議決定された翌日の各紙朝刊ヘッドラインを並べてみよう（二〇一四年七月二日付）。

朝日「9条崩す解釈改憲」
東京「戦争の歯止め　あいまい」
毎日「集団的自衛権　閣議決定」
日経「集団的自衛権の行使容認」

産経「『積極的平和』へ大転換」

読売「集団的自衛権　限定容認」

以上で始まる朝刊一面記事や社説を読み比べると、右からの順番で出来が悪かった。朝日がワースト、読売がベストである。

産経も捨てがたいが、ヘッドラインに限定すれば、事実報道ではなく、評価を下した内容になっている。

だからダメだとは言わないが、「大転換」との評価は、朝日や毎日など護憲リベラル派が下した認識と重なる。事実、同日付「毎日新聞」朝刊一面には「戦後安保の大転換」との見出しが躍った。

喩えて言えば、毎日は山梨県から、産経は静岡県から、それぞれ富士山を眺めている。左右は正反対ながら、目に映る姿は、同じ山なりである。

他方、読売は、富士山の上空から俯瞰する視点で報じていた。しかも焦点が合っている。当時の閣議決定を集団的自衛権に即して一言で報じるなら「限定容認」とした読売のヘッドラインが最も的確だった。

事実、フルスペックの行使は容認されなかった。安倍晋三総理が会見で強調したとおり、「現行の憲法解釈の基本的考え方」は何ら変わらなかった（詳しくは拙著『ウソが栄えりゃ、国が亡びる』他）。

そうであるにもかかわらず、それを「大転換」と報じて、評価したり、大批判したりしたのは、どちらもいただけない。

かくして「限定」されたことに伴う死活的な問題点が見えなくなってしまった。

❖これが本物の「反撃能力」だ

果たして、安保政策は本当に「大転換」したのだろうか。改めて「国家安全保障戦略」を読み返してみよう。焦点となった「反撃能力」の保有をめぐり、こう明記された。少し長くなるが、まずは虚心坦懐に読んでみてほしい。

《我が国への侵攻を抑止する上で鍵となるのは、スタンド・オフ防衛能力等を活用した反撃能力である。近年、我が国周辺では、極超音速兵器等のミサイル関連技術と飽和攻撃など実戦的なミサイル運用能力が飛躍的に向上し、質・量ともにミサイル戦力が著しく増強される中、ミサイルの発射も繰り返されており、我が国へのミサイル攻撃が現実の脅威となっている。こうした中、今後も、変則的な軌道で飛翔するミサイル等に対応し得る技術開発を行うなど、ミサイル防衛能力を質・量ともに不断に強化していく。

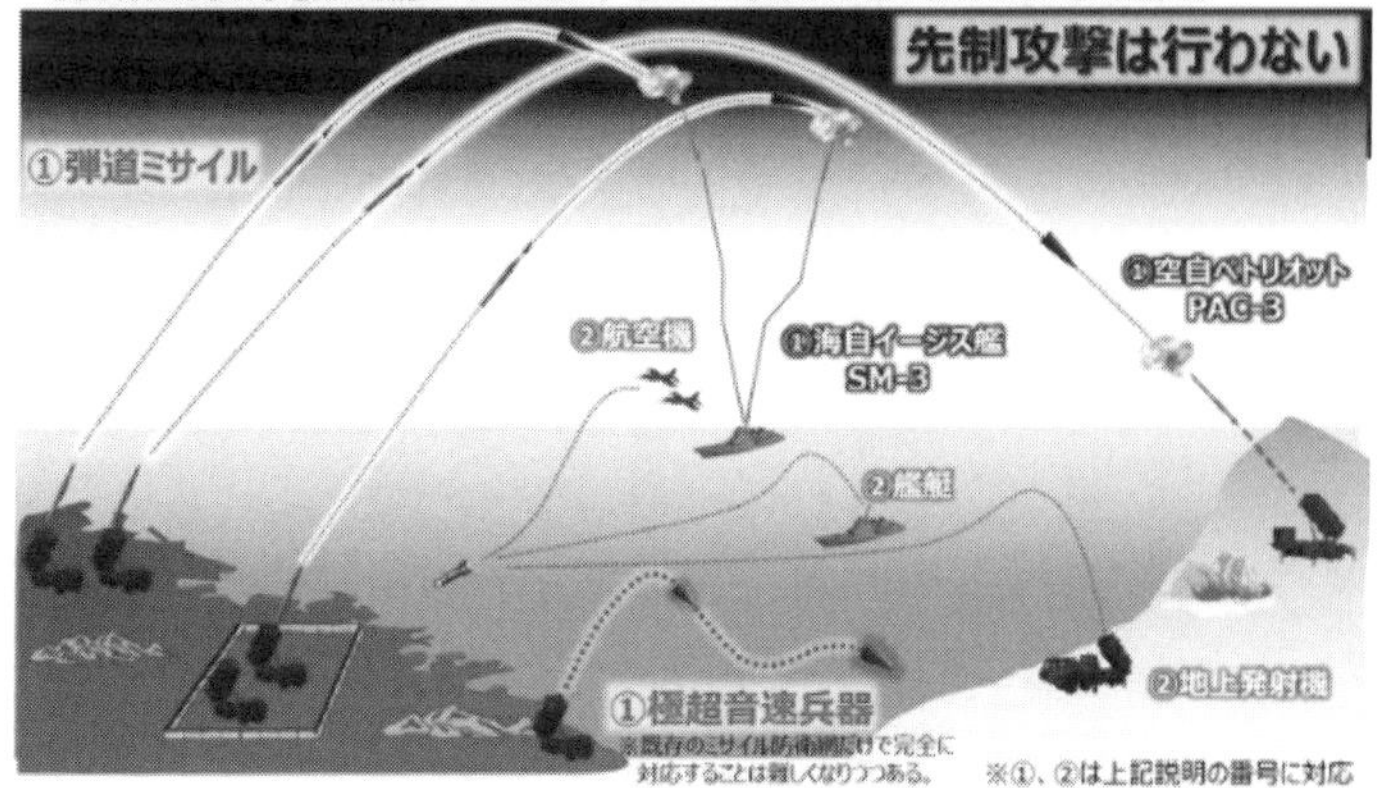

『令和5年版防衛白書 日本の防衛』p.213

スタンド・オフ防衛能力の運用（イメージ）

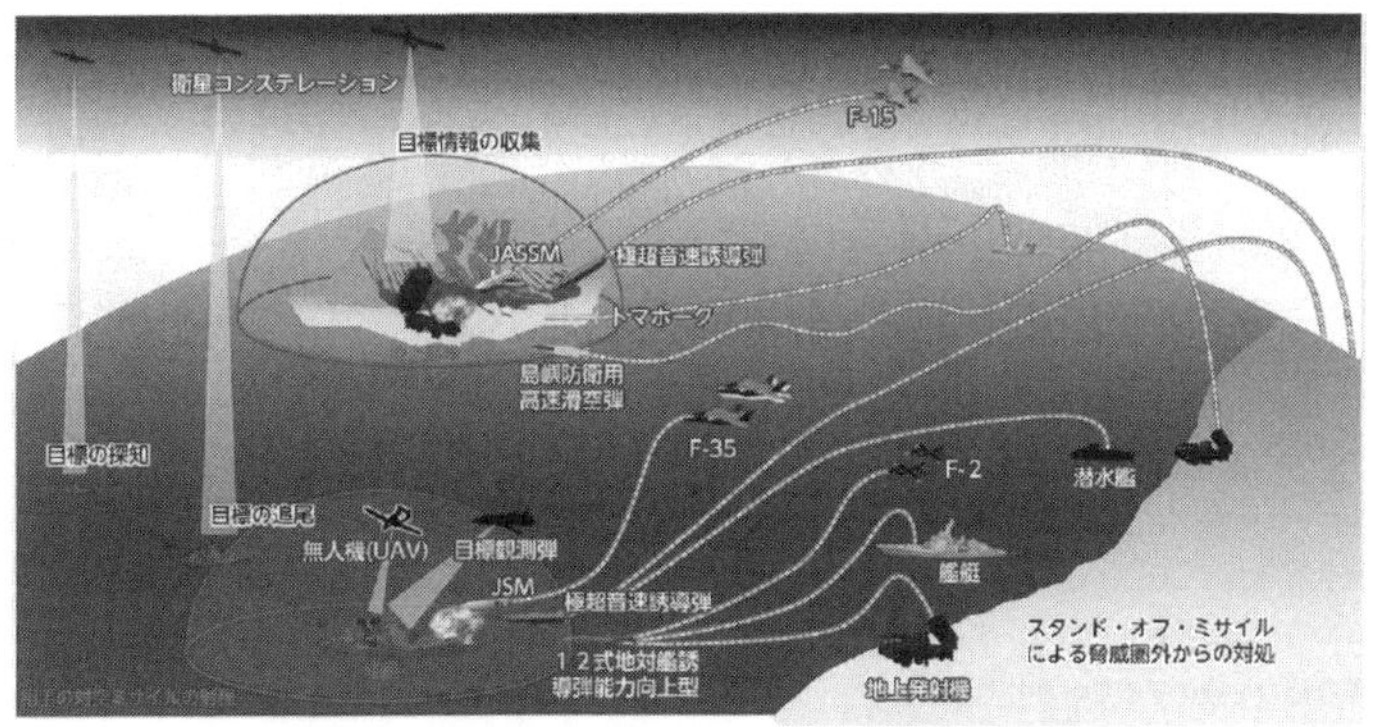

『令和5年版防衛白書 日本の防衛』p.281

しかしながら、弾道ミサイル防衛という手段だけに依拠し続けた場合、今後、この脅威に対し、既存のミサイル防衛網だけで完全に対応することは難しくなりつつある。

このため、相手からミサイルによる攻撃がなされた場合、ミサイル防衛網により、飛来するミサイルを防ぎつつ、相手からの更なる武力攻撃を防ぐために、我が国から有効な反撃を相手に加える能力、すなわち反撃能力を保有する必要がある。

この反撃能力とは、我が国に対する武力攻撃が発生し、その手段として弾道ミサイル等による攻撃が行われた場合、武力の行使の三要件に基づき、そのような攻撃を防ぐのにやむを得ない必要最小限度の自衛の措置として、相手の領域において、我が国が有効な反撃を加えることを可能とする、スタンド・オフ防衛能力等を活用した自衛隊の能力をいう。》（Ⅵ　我が国が優先する戦略的なアプローチ）

いかがであろうか。果たしてこれが、進歩派メディアらが批判するような「危うい」能力だと思えるだろうか。少なくとも、私には、そう思えない。

ただ同時に、私はいわゆる御用学者の類ではない。現在いかなる公職にも就いていない。ひとりの学者・研究者として論評すれば、右「国家安全保障戦略」の記述には、少なからぬ疑問を抱く。

私に言わせれば、そもそも「反撃能力」という命名から、不適切なうえに、その説明も不正確に過ぎる。以下詳しく述べるとおり、正しくは「相手からミサイルによる攻撃がなされた場合」ではない。「攻撃がなされる場合」である。

同様に、「反撃能力」を批判するメディアの側も勘違いしている。たとえば昨年、朝日新聞は、こう宣言した。

《閣議決定した安保関連3文書で、政府は敵基地攻撃能力を「反撃能力」と表記しています。「反撃」とは攻撃を受けた側が逆に攻撃に転ずる意味ですが、実際には攻撃を受けていなくても、相手が攻撃に着手した段階で、その領域内のミサイル発射拠点などを攻撃することも想定しています。このため、朝日新聞では引き続き、「敵基地攻撃能力（反撃能力）」と表記します》

もとより、どう呼ぼうと、朝日新聞の自由だが、右の説明も国際法を理解していない。前述したように「攻撃を受けた側」ではなく「攻撃を受ける側」が正しい。

マスコミも政府も勘違いしている。勘違いでないなら、「違法な先制攻撃」といった批判を回避するための方便であろう。ならば、いっそう質（たち）が悪い。

❖いつから「反撃」できるのか

以下、公正な立場から説明しよう。

国連憲章が自衛権行使の要件とした「武力攻撃が発生した場合」の英文（正文）は「if an armed attack occurs」である。

いわゆる「3単現のs」が示すとおり、時制に着目し、正確に翻訳すれば、「武力攻撃が発生した場合」ではなく「武力攻撃が発生する場合」となる（「武力攻撃が発生した場合」と訳したことが現在につながる誤解を生んだ）。

つまり、それが「反撃」であれ、「敵基地攻撃」であれ、国際法上許された自衛権を行使できる要件は、世界共通「武力攻撃が発生する場合」である。

通説的な国際法学者の説明を借りれば、「核ミサイル攻撃でも、相手国のミサイル弾基地に攻撃が命令されたときに『武力攻撃』は存在するにいたっている」（高野雄一『国際法概論』弘文堂）。ゆえに、ミサイルが着弾し「すでに日本の国土や人間に被害が発生している」必要はない（同前）。

そもそも国際法上、「反撃」など許されない。国連憲章は復仇権の留保を認めていない。

「他国の武力攻撃がすんでしまった段階では、たとい自国の艦船、航空機に損害が生じていたとしても、自衛の行動はとりえない」（前掲高野）。

あえて刑法総論の議論を借りたほうが分かりやすいかもしれない。正当防衛とは「急迫不正の侵害に対して、自己又は他人の権利を防衛するため、やむを得ずにした行為」である。

この「急迫」は「法益の侵害が現に存在しているか、または間近に押し迫っている」状態（最判昭46・11・16）であり、「被害の緊迫した危険にある者は、加害者が現に被害を与えるに至るまで、正当防衛することを待たねばならぬ道理はない」（最判昭24・8・18）。

あくまで「急迫」（現在）が要件である。

ゆえに、過去の侵害は、侵害が終わってしまっている以上、防衛はできない（前田雅英『刑法総論講義』東京大学出版会）。

過去の侵害に対する正当防衛（反撃）は認められない（大塚仁『刑法概説』有斐閣）。そう考えるのが判例通説である。

分かりやすく言えば、「やられたら、やり返す」のは、それが「倍返し」であろうが、均衡のとれた「反撃」であろうが、ともに違法である。

やられる前に、阻止（ないし抑止）する。それが法の要請である。

以上のとおり、「反撃能力」と命名し、先に引用したとおりに説明する政府も、それを

「専守防衛の原則に基づく、戦後日本の安全保障政策の大転換」（前出毎日新聞）などと批判するメディアも、ともにおかしい。

今年三月一日に開かれた参議院予算委員会で、新年度予算案の実質的な審議が始まった。そこで、立憲民主党の杉尾秀哉・参議院議員が、「反撃能力」の保有をめぐり、こう質した。

「これまでは、日本が『盾』で、アメリカが『矛』の役割分担だったが、今回の安全保障関連の3文書で明らかに変わるんですよ。（中略）アメリカと共同で対処するために、これまで持たないとされてきた『矛』の一部を日本が担う。（安保3文書には「変更はない」と書いてあるが）基本的な役割が変わるじゃないですか」

これに対して、岸田文雄総理大臣がこう答弁した。

「今後は、アメリカの打撃力に完全に依存するということではなくなり、反撃能力の運用についても、他の個別の作戦分野と同様に、日米が協力して対処していく。このようになることは想定されます。反撃能力は、あくまでも国民の命や暮らしを守るためのものであり、あえて申し上げれば、『盾』のための能力であると認識しております」

右引用で、読者の理解に供するため、「（安保3文書には「変更はない」と書いてあるが）」と補ったが、正確を期すべく、「国家安全保障戦略」の該当部分を引こう。

《この反撃能力は、憲法及び国際法の範囲内で、専守防衛の考え方を変更するものではなく、武力の行使の三要件を満たして初めて行使され、武力攻撃が発生していない段階で自ら先に攻撃する先制攻撃は許されないことはいうまでもない。

また、日米の基本的な役割分担は今後も変更はないが、我が国が反撃能力を保有することに伴い、弾道ミサイル等の対処と同様に、日米が協力して対処していくこととする。》

右のとおり、岸田総理の答弁は、「国家安全保障戦略」の記述と、なんら矛盾しない。矛盾はしないが、同時に、素朴な疑問も禁じ得ない。

矛と盾という「基本的な役割分担は今後も変更はない」が、今後は反撃能力の運用について「日米が協力して対処していく」……。

これでは、悪い意味での〝禅問答〟のようにも聞こえる。政府としては、どこまでを「基本的な役割分担」とするか、という線引きの問題なのかもしれないが、本当にそれでよいのだろうか。

日米が協力して（「弾道ミサイル等の対処」や）「反撃能力の運用」に当たることを、言わば〝例外〟扱いし、「日米の基本的な役割分担は今後も変更はない」と言い張る姿は、どう見ても美しくない。いっそ正直に「今後は自衛隊が『矛』の役割を担う場面もあり得る」とでも答弁しては、どうか。

続く後段の部分もいただけない。「反撃能力は、あくまでも国民の命や暮らしを守るためのものであり、あえて申し上げれば、『盾』のための能力」ときた。

ただの戯言なら、「座布団一枚」とでも言いたいところだが、この場は大喜利の舞台ではない。国権の最高機関たる国会、それも予算委員会での質疑である。

その場にふさわしく、真面目に議論すれば、どう贔屓目に聞いても、詭弁の類ではないか。いくら何でも、これはあるまい。これでは、「矛盾」という言葉を生んだ「韓非子」の故事も成立しない。

少なくとも、私はそう感じたが、どうやら私は少数派らしい。翌日の朝刊をみても、主要メディアが以上の発言を咎めた形跡がない。

質疑の中で、杉尾議員が「（敵基地攻撃能力に積極的になったのは）総裁選に勝つためか」などの邪推を重ねたから、さすがに進歩派メディアも引いたということなのだろうか。

もはや事情を詮索する気も起きないが、こうは言えよう。こんな答弁で許されるなら、ＩＣＢＭ（大陸間弾道ミサイル）も、長距離戦略爆撃機も、攻撃型空母も、みな「国民の命や暮らしを守るための盾」である。

こうも言えよう。こんな質疑で許されるなら、Ｇ20外相会合を抱えた多忙な外務大臣が出席する必要など、どこにもなかった。

げんに、この日はたった53秒しか答弁しなかった。この日の予算委員会への参加が、大切なG20外相会合への欠席と釣り合うはずがない。

この日の予算委員会で、日本国は計り知れないものを失った。責任は与野党ともにある。

❖これが「安全保障政策の大きな転換」?

前述のとおり、昨年末の閣議決定に先立ち、公共放送（NHK）はこう報じた。

《政府は外交・防衛の基本方針である「国家安全保障戦略」など3つの文書を16日に閣議決定する方針です。敵のミサイル発射基地などをたたく「反撃能力」の保有が明記されていて、安全保障政策の大きな転換となります》

本当にそう言えるのか。改めて虚心坦懐に「国家安全保障戦略」を読み返してほしい。

《この反撃能力は、憲法及び国際法の範囲内で、専守防衛の考え方を変更するものではなく、武力の行使の三要件を満たして初めて行使され、武力攻撃が発生していない段階で自ら先に攻撃する先制攻撃は許されないことはいうまでもない。》

額面どおり受け止めてよければ、「専守防衛の考え方を変更するものではなく」、「先制攻撃は許されない」という当たり前の考え方にも変わりはないということになる。それでも「安全保障政策の大きな転換」となるのだろうか。

「国家安全保障戦略」が述べるとおり、《この反撃能力については、1956年2月29日に政府見解として、憲法上、「誘導弾等による攻撃を防御するのに、他に手段がないと認められる限り、誘導弾等の基地をたたくことは、法理的には自衛の範囲に含まれ、可能である」としたものの、これまで政策判断として保有することとしてこなかった能力に当たるものである》（Ⅵ　我が国が優先する戦略的なアプローチ）。

たとえば、これまで「憲法上、保有できない」とされてきたものを保有するというのならともかく、たんに「これまで政策判断として保有することとしてこなかった能力」を保有するというだけの話ではないか。

果たして、これでも本当に「安全保障政策の大きな転換」と呼べるのだろうか。少なくとも、私はそう思わない。

こうした問題は、今回の「安保3文書」策定に限らず、安倍政権時のいわゆる安保法制（平和安全法制）のときにも起きた。

あえて皮肉交じりに書こう。戦後日本の安保政策は、何度も「大転換」してきた。以下その証拠を挙げよう。

平成三十年（二〇一八年）十二月十八日、政府は「防衛計画の大綱（大綱）」と「中期防衛力整備計画（中期防）」を閣議決定した。今回の「安保3文書」見直しで、前者の「大綱」

が「国家防衛戦略」へ、後者の「中期防」が「防衛力整備計画」へと、それぞれ名称を変えたが、中身はマスメディアが騒ぐほど成長していない。

振り返れば、平成三十年当時のマスコミ世論の焦点は「空母いずも」だった。当時の「大綱」が「現有の艦艇からのSTOVL機の運用を可能とするよう、必要な措置」を講じると明記したからである。

右のSTOVL機とは、短距離（短い滑走路）で離陸（発艦）でき、かつ垂直に着陸（着艦）できる機種を指す。

具体的には、米国製の最新鋭ステルス戦闘機F35-Bが想定された。

実写映画化された人気コミック『空母いぶき』（小学館）が想定したとおりの展開となった。いまも右作品に「協力」している当事者として、複雑な思いを禁じ得ない。

事実上の「空母」導入（朝日新聞）

事実上「空母化」する（NHK）

……等々、すべてのマスコミが「空母」と報じてきた。朝日新聞は右閣議決定の翌朝、「安保法後の防衛大綱　軍事への傾斜、一線越えた」と題した社説を掲載。こう書いた。

《今回は一線を越えたと言わざるをえない。「空母」の導入だ。改修後のいずもは戦闘機を常時艦載しないので、「空母」に当たらないと説明するが、詭弁というほかない。（略）長距離巡航ミサイルの保有も記された。（略）敵基地攻撃能力の保有につながる。（略）その能力をみれば、従来の「盾」から「盾も、矛も」への転換は明らかだ》

この朝日社説に従うなら、二〇一八年時点で、すでに「転換は明らか」だった（ということになる）。それも「一線を越えたと言わざるをえない」ほどに……。今さら「敵基地攻撃能力の保有」で大騒ぎするまでもない。

❖「空母いずも」騒動で見過ごされた記述

皮肉はここまでとしよう。問題は当時のマスコミ報道が「空母いずも」騒動に明け暮れ、「大綱」が明記した以下の記述を全社スルーしたことである。

平成の「大綱」はこう書いていた。

「北朝鮮は、近年、前例のない頻度で弾道ミサイルの発射を行い、同時発射能力や奇襲的攻撃能力等を急速に強化してきた。また、核実験を通じた技術的成熟等を踏まえれば、弾道ミサイルに搭載するための核兵器の小型化・弾頭化を既に実現しているとみられる。」

そこで、令和元年版の「防衛白書」もこう書いた。

「北朝鮮は、近年、前例のない頻度で弾道ミサイルの発射を行い、同時発射能力や奇襲的攻撃能力などを急速に強化してきた。また、核実験を通じた技術的成熟などを踏まえれば、弾道ミサイルに搭載するための核兵器の小型化・弾頭化を既に実現しているとみられる。」

ご覧のとおり、漢字の「等」を、ひらがなの「など」へと表記を変えただけである。それ以外は一言一句同じ。

振り返れば、「防衛白書」は二〇一五年版まで、こう記述していた。

「北朝鮮が核兵器の小型化・弾頭化の実現に至っている可能性も排除できない」

それが、二〇一六年にこう変わる。

「北朝鮮が核兵器の小型化・弾頭化の実現に至っている可能性も考えられる」

私は、二〇一七年春出版の拙著『安全保障は感情で動く』（文春新書）で、右の違いを指摘しつつ、「二〇一七年度版の『防衛白書』は再び記述の修正を迫られよう」と書いた。さて、二〇一七年夏の白書はどうしたか。

「北朝鮮が核兵器の小型化・弾頭化の実現に至っている可能性が考えられる」

右のとおり「も」→「が」と、一字だけ修正した。

案の定、マスコミは見落としたが、まさに一字違いが大違い。二〇一六年の核実験、二〇一七年の相次ぐ新型弾道ミサイル発射など「小型化・弾頭化」が進展した経緯を踏まえた修正である。

その後、二〇一八年版まで同じ表現を踏襲してきたが、同年末の前出「防衛計画の大綱」で、前述のとおり踏み込んだ。

だが、この重大な記述に着目した番組も記事もなく、全マスコミが「空母いずも」と空騒ぎし、右の問題をスルーした。

それが翌年になって、令和元年版の防衛白書が「弾道ミサイルに搭載するための核兵器の小型化・弾頭化を既に実現している」と明記したことで、さすがにマスコミ各社も気がついた。たとえば、右「防衛白書」が公表された翌朝の朝日新聞は、こう報じた（令和元年九月二十八日付朝刊）

《政府は27日の閣議で、2019年版の防衛白書を了承した。（中略）韓国の紹介順は前年の2番目から19年は4番目に「降格」。（中略）北朝鮮の核兵器開発では、「小型化・弾頭化をすでに実現しているとみられる」と初めて記載。（以下略）》

同様に、民放各局も《北朝鮮の核開発については、「弾道ミサイルに搭載するための核兵器の小型化・弾頭化を、すでに実現しているとみられる」と、2018年より踏み込んだ》（FNN）などと報じた。

悲しいかな、公共放送（NHK）も例外でない。

《北朝鮮について（中略）「核兵器の小型化・弾頭化をすでに実現しているとみられる」と

分析しています》とクローズアップした。

改めて、彼らマスコミに質す。

令和元年版「防衛白書」の「核兵器の小型化・弾頭化を既に実現している」云々の記述が報道に値すると考えた理由はなにか。

ならば、その前年、そう書いた「大綱」が公表されたときに、なぜ、そう報道しなかったのか……。

NHK以下主要メディアは誇張や捏造の「大綱」批判に終始した不明を恥じることもなく、みな口を拭い、いまも「安保3文書」や防衛白書の内容を報じている。

なんたる厚顔無恥。残念ながら、この国には、「安保3文書」や「防衛白書」を公正・的確に報道できる主要メディアがない。

❖こっそり増えたイージス艦

言わば、平成の「安保3文書」報道が、「空母いずも」騒動に終始し、「弾道ミサイルに搭載するための核兵器の小型化・弾頭化を既に実現している」という死活的に重要な事実を見過ごしたように、令和の「安保3文書」報道も、「反撃能力」批判に終始し、論ずべき重要な変更点をいくつもスルーした。

ここでは、以下の一点に絞ろう。

前述のとおり、いわゆる「安保3文書」は、「国家安全保障戦略」、「国家防衛戦略」、「防衛力整備計画」の三つから成り、上から下へ順に、それぞれ内容が具体的になっていく。

必ずしも安全保障分野の専門家ではない多くの読者にとっては、それらすべてを精読する必要はあるまい。およそ主要な論点は、これまで繰り返し引用してきた「国家安全保障戦略」に尽きている。一般の読者が「国家防衛戦略」や、ひいては「防衛力整備計画」の細部にわたり精読する必要はあるまい。

……きっと、メディア関係者らも、そう考えたのであろう。

今回策定された、言わば、令和の「安保3文書」（防衛力整備計画）の、最終ページにある「別表3（おおむね10年後）」（丸括弧内も引用）に注目してみよう。

そこには、海上自衛隊の「将来体制」として、「主要装備」のうち、「護衛艦（うちイージス・システム搭載護衛艦）」を「54隻（10隻）」（同前）、さらに、「イージス・システム搭載艦」を「2隻」と明記している。

……そう言われても、多くの読者がピンと来ないであろう。

そこで、平成の「安保3文書」（大綱の別表）と比較してみよう。そこでは、「護衛艦（うちイージス・システム搭載護衛艦）54隻（8隻）」と明記していた。

以上を比べてみれば、お分かりのとおり、「イージス・システム搭載護衛艦」の隻数が2隻も増えている。加えて、「イージス・システム搭載艦」も「2隻」追加。これらを単純に合算してよければ、名目上の「イージス艦」が4隻も増える。

この「イージス・システム搭載艦」なる奇妙な代物は、「主に弾道ミサイル防衛に従事する」陸上配備型イージス・システム・アショアの代替である（防衛力整備計画）。

いわば、元から税金の無駄。陸上配備型イージス・アショアを溝に捨てた、向こう見ずな河野太郎防衛大臣（当時）の「ちゃぶ台返し」がなければ、そもそも要らなかった代物である。

なんにせよ、高価な買い物であることに違いはない。二〇二三年八月十三日付「産経新聞」朝刊一面に掲載されたスクープ記事によると、地上配備型迎撃システム「イージス・アショア」の配備断念を受けて新造する「イージス・システム搭載艦」の整備費は、1隻あたり約3950億円に上る。

そもそも「イージス型護衛艦」を導入した際は、1隻あたり1234億円だったことを思い出せば、いかに高く付いた「ちゃぶ台返し」だったか理解できよう。

しかも、そこに（海自ではなく）陸自の隊員を乗せるというから驚く。いかに海自が抵抗したか、想像に難くない。

要は、今回の買い物が、悪しき「文民統制」のしわ寄せに過ぎず、「自衛隊の積み上げではない」からであろう（香田洋二元海将・朝日新聞インタビュー）。

皮肉交じりに述べよう。朝日新聞は「防衛費の膨脹　精査なき大盤振る舞い」（昨年12月24日付朝日社説）とか、「防衛費の増額　看過できぬ言行不一致」（同前12月18日付）など定番の批判をする前に、なぜ以上の点を批判しないのか。

増えるのが「反撃能力」でも「矛」ですらない、イージス（神の盾）という名の文字どおりの「盾」だからなのか。

そうならば、朝日新聞の「安保3文書」批判は公正な論評姿勢とは言えない。

その他「安保3文書」が明記した「陸海空自衛隊の一元的な指揮を行い得る常設の統合司令部」の創設など、重要な記述がいくつもスルーされた。

みな「反撃能力」に着目し「大転換」と騒いだが、当の「安保3文書」はこう明記したことを思い出してほしい。

「この反撃能力は、憲法及び国際法の範囲内で、専守防衛の考え方を変更するものではなく（以下略）」（前出）

さらに、こうも書いている。

「平和国家として、専守防衛に徹し、他国に脅威を与えるような軍事大国とはならず、非核三原則を堅持するとの基本方針は今後も変わらない」（Ⅲ　我が国の安全保障に関する基本的な原則）

今一度、問う。本当に、これでも「大転換」と呼べるのか。私には疑問だが、マスコミ人の眼にはそう映るらしい。

なかでも最悪の報道が、今年一月七日放送のＴＢＳ「報道特集」だった。題して《専守防衛の行く末は…熟議なき〝安保政策の大転換〟》。なかで「自民党の重鎮」こと河野洋平・元総裁（元衆院議長）がこう述べた。

「決してあの過ちは繰り返しません。何十年も言い続けて、その結果がこの政策転換というのは、私はあり得ないと、そう思っているのです」、「安倍政治というものに非常に大きな問題があったと思います」、「反撃能力というのは威嚇ですよね」、「戦わないために何をするかということを、深刻に考えるべきだと思います」。

失礼ながら、河野洋平先生は、「危機を未然に防ぎ、平和で安定した国際環境を能動的に創出し、自由で開かれた国際秩序を強化するための外交を中心とした取組の展開」を重視した「安保３文書」を、いまだに、お読みでないとみた。番組コーナーの最後は巡田忠彦記者がこう締めた（？）。

「だから今まで憲法で戦争できない国だったのが、この反撃能力を保有することでですね、戦争が可能になった。(中略)だから今後はですね、とにかく戦争に巻き込まれないこと、専守防衛を徹底して巻き込まれないことに最重要課題(を)みたほうがいいですね」

一言一句、正確に再現したら、こうなった。もはや怒りを通り越して脱力する他ない。今回の「安保3文書」が明記したとおり、「我が国は戦後最も厳しく複雑な安全保障環境に直面している」。

だが、なぜか彼らには、その現実が目に入らない。願わくは、「安保3文書」くらい、読んでほしい。せめて本書だけでも読んでくだされば、と願うばかりである。

第 7 章

「反核平和」より、核抑止を!

2017年10月13日、釜山港に入港した米原子力潜水艦「ミシガン」[写真提供：EPA＝時事]

❖増強が続く中国の核戦力

昨年（二〇二二年）十一月二十九日、米国防総省は中国の軍事動向に関する年次報告書を公表した。

そのなかで「10年前の人民解放軍の核近代化の努力と比べると、最近の試みは規模と複雑性で過去を上回っている」と指摘。運用可能な核弾頭は４００発超に達したとの推計を示した。「この増強ペースを今後も継続すれば、中国軍が核戦力の近代化完了のめどとする２０３５年までに約１５００発の核弾頭を蓄える可能性がある」と強調。現在の核弾頭数（推計）４００超の3～4倍に増強される計算だ。さらに今年十月十九日に公表された前出報告書では、核弾頭数を５００発超と推計し、２０３０年には、１０００発を超す可能性が高いと指摘した。

ちなみに、北朝鮮の保有弾頭数について、最新版の「防衛白書」（前出）は、「北朝鮮が約20発（全体としては45から55発分の核弾頭を生産するだけの核分裂性物質を貯蔵）の核弾頭を保有しているとの指摘もある」（丸括弧も引用）と、「SIPRIYearbook2022」の推定を借りた数字を挙げつつ、こう明記する。

《技術的には、わが国を射程に収める弾道ミサイルについては、必要な核兵器の小型化・弾頭化などを既に実現し、これによりわが国を攻撃する能力を保有しているとみられる。（中略）北朝鮮のこうした軍事動向は、わが国の安全保障にとって、従前よりも一層重大かつ差し迫った脅威となっており、地域と国際社会の平和と安全を著しく損なうものである。》

言うまでもなく、中国も「技術的には、わが国を射程に収める弾道ミサイルについては、必要な核兵器の小型化・弾頭化などを既に実現し、これによりわが国を攻撃する能力を保有している」。たった20発でも、「わが国の安全保障にとって、従前よりも一層重大かつ差し迫った脅威」なのだ。中国の核戦力が、いかに「地域と国際社会の平和と安全を著しく損なうもの」なのか、論じるまでもあるまい。

右報告書は加えて、弾道ミサイル「東風（ＤＦ）17」に搭載する極超音速兵器の配備も続けており、「西太平洋の外国軍基地や艦隊の攻撃を意図している」とも指摘した。

以下、二〇二二年十一月三十日付産経新聞記事（渡辺浩生記者）を借りよう。

《報告書は、中国の指導層が２０４９年までの「中華民族の偉大な復興」という目標の実現に人民解放軍の「世界水準」への近代化が不可欠な要素としていると指摘。

軍近代化の「新たな節目」と位置づけた２０２７年には「台湾統一」の追求に活用するためより信頼できる軍事手段」を軍が確保できる見通しを示した。台湾軍事作戦に関しては、空

中・海上の封鎖から全面的な上陸侵攻までさまざまな手段を擁していると指摘した。》

以上は、本書で紹介してきた様々な見通しとも符合する。だとすれば、残された猶予は、あと数年しかない。

❖米韓首脳会談が残した課題

今年（２０２３年）４月26日、アメリカのバイデン大統領と韓国のユン・ソンニョル（尹錫悦）大統領が首脳会談を行い、（アメリカの核戦力を含む抑止力で同盟国を守る）「拡大抑止」の強化を確認した。

会談後に発表された「ワシントン宣言」では、「北朝鮮の韓国への核攻撃には即時、圧倒的かつ決定的な対応を取ると再確認した。アメリカの核を含む戦力を総動員して拡大抑止を強化していく」と明記された。問題は、その具体策である。ＮＨＫの報道を例に挙げよう。

《また両首脳は、核兵器をめぐる情報共有の枠組みを新たに設置することや、東西冷戦時代の１９８０年代以来となる、アメリカの戦略原子力潜水艦を韓国に寄港させることなどで合意しました。／韓国国内の一部で、アメリカの核抑止力への疑問の声も出ている中、そうした不安を払拭したいねらいもあるとみられますが、北朝鮮側の強い反発も予想されます。》

上記の「戦略原子力潜水艦」は、日本の防衛省が「弾道ミサイル原子力潜水艦」と訳している「ＳＳＢＮ」を指しているのであろう（米韓「ワシントン宣言」では「the upcoming visit of a U.S. nuclear ballistic missile submarine to the ROK」）。現在就役しているのはオハイオ級原子力潜水艦。その後継としてコロンビア級原潜が予定されている。

なるほど「ＳＳＢＮ」が寄港すれば、「１９８０年代以来となる」が、じつは同じオハイオ級原艦ながら、巡航ミサイル原子力潜水艦（ＳＳＧＮ）に改装された「ミシガン」が、トランプ政権下の２０１７年4月25日、韓国南部の釜山に入港した。当時そう広く報道されたが、なぜか今回、その実績に触れたマスメディアが見当たらない。

いや、ＳＳＧＮとＳＳＢＮでは、軍事的な意味が決定的に違う、との反論があるのかもしれない。

だが、「ミシガン」は、巡航ミサイル「トマホーク」を（水上艦として最大数の）１５４発も搭載できる。加えて、海軍特殊部隊「ＳＥＡＬｓ」の隊員を上陸させたり、遠隔操縦可能な無人機（ＵＡＶ）や無人水中航行体（ＵＵＶ）を発進させたりすることもできる。

はたして、どちらが「北朝鮮側の強い反発」を招くのか。私なら、間違いなくミシガンを選ぶ（嫌う）。

たしかに、ＳＳＢＮが保有する核戦力は圧倒的である。だが、米軍が「戦略核」を使用するために、わざわざ韓国の港に立ち寄る必要など微塵もない。逆に、自身の居場所を晒すという致命的なデメリットを生む。今回の米韓「SSBN」合意が、いかなる軍事的な必要から生まれたものなのか、私には、まるで意味不明である。

いずれにせよ、今回の「拡大抑止」合意について、その後、韓国側からは、「事実上の核共有」との認識が示されている。当然のごとく、ただちに米側は「核共有ではない」と表明した。

いわゆる「核共有」を巡る誤解については、前掲拙著『ウクライナの教訓』で詳論した。本書では繰り返しを避け、岩間陽子編『核共有の現実　NATOの経験と日本』（信山社）（という学術書）を借りよう。

❖「核共有」を巡る誤解

岩間陽子教授（政策研究大学院大学）は「序章　NATOの核共有・核協議制度」でこう指摘する。

《NATOの「核共有」という語は、誤解を招きやすい表現である。現実には、前述の通り同盟国側には核兵器の所有権は微塵もない。あるのは、戦争が始まれば貸してもらえるという、レンタル予約の合意のようなものである。ＮＡＴＯとしての決定が、アメリカの意図に反して行われることはあり得ないから、アメリカ側には事実上、核共有対象の核兵器でも使用に対する拒否権がある。同盟国側が使用を望んでも、アメリカが使用したいと思わない限り、使うことはできない。》

岩間教授は「終章　核共有と日本の安全保障」でも、こう述べている。

《ＮＡＴＯの核共有とは、核を共同所有することではない。核兵器は一貫してアメリカのものである。ＮＡＴＯの核共有が歴史的に展開してきたものであるために、言葉の使われ方に時代による揺れがあり、それが混乱の一因になっている。》

以上のごとく、また、米側が否定したとおり、今回の米韓合意は「核共有」そのものではないが、ＮＡＴＯの核抑止力を支える重要な柱が合意されたと評してよい。

その柱の一つが、新設された米韓両国による核協議の枠組み「ＮＣＧ」である。米韓「ワシントン宣言」を引こう。

《The two Presidents announced the establishment of a new <u>Nuclear Consultative Group (NCG)</u> to strengthen extended deterrence, discuss nuclear and strategic planning, and manage the threat to the nonproliferation regime posed by the Democratic People's Republic of Korea (DPRK).》（下線は潮補記）

これはNATOの核協議制度「NPG」を念頭に置いたものに違いない。防衛研究所の新垣拓主任研究官の説明を借りよう（「NATO核共有制度について」NIDSコメンタリー第211号）

《近年、DCA（核搭載可能航空機・潮注）任務以上に重要性が高まっているのは、NATO核共有制度の第3の柱であるNPGという核協議制度である。同制度では、ほぼ全加盟国間で核抑止に関する情報の共有、同盟国側の懸念の伝達、核兵器の使用方針をめぐる議論を行う機会の提供等、NATO核抑止体制にとって重要な政策形成・意思決定の場となっている。》

その重要な柱が、NATOにならい、米韓の間で新設された。

新垣研究官は、前掲著『核共有の現実　NATOの経験と日本』の「第1章　アメリカと核共有・核協議制度の起源」でも、以下のとおり指摘している。

《この核共有制度と並んで重要なのが、NATOの核政策や関連する問題を同盟内で話し合う核協議制度である。》

《アメリカが、核攻撃任務に同盟国を参加させることを認めたのは、軍事的合理性に基づいた判断というよりは、ソ連の戦略核能力の向上を受けて動揺した拡大抑止の信頼性を維持するという政治的な考慮からであった》

同様の政治的な考慮から生まれた、もう一つの柱が、「有事における米国の核作戦に対する韓国の通常作戦支援」である。正確を期すべく、再び、原文を引こう。

《In addition, the Alliance will work to enable joint execution and planning for ROK conventional support to U.S. nuclear operations in a contingency and improve combined exercises and training activities on the application of nuclear deterrence on the Korean Peninsula.》

これもまた、NATOの「SNOWCAT」をモデルとした作戦に違いない。「SNOWCAT」とは「Support of Nuclear Operations with Conventional Air Tactics」の頭文字であり、直訳すれば、「通常（非核）航空戦術による核作戦支援」である。

以上のように、今回の米韓首脳会談は、核同盟としてのNATOにならい、核抑止力を大きく向上させた。日本は、韓国に追い越され、いわば、米韓に置き去りにされた格好だ。

米韓首脳会談では、「日米韓3か国の協力の重要性」についても合意された。

だが、肝心の日本政府は、今年の広島G7サミットでも「核兵器のない世界」を夢想した。

本当に、このままで大丈夫なのだろうか。

❖昔も今もパシフィズムが覆う

今年四月五日、永田町（東京都）の衆議院第一議員会館で、広島G7サミットに集まる首脳たちへ停戦の仲介を求める声明「Ceasefire now! 今こそ停戦を」を発表した記者会見が開かれた。声明は、「いまやNATO諸国が供与した兵器が戦場の趨勢を左右するに至り、戦争は代理戦争の様相を呈しています」、「核兵器使用の恐れも原子力発電所を巡る戦闘の恐れもなお現実です。戦争はただちにやめなければなりません」との認識を示しながら、こう訴えた。

《G7支援国はこれ以上武器を援助するのではなく、「交渉のテーブル」をつくるべきなのです。グローバル・サウスの中立国は中国、インドを中心に交渉仲裁国の役割を演じなければなりません》

その上で、最後をこう締めた。

《私たちは、日本政府がG7の意をうけて、ウクライナ戦争の停戦交渉をよびかけ、中国、インドとともに停戦交渉の仲裁国となることを願っています》

以上の「2023年5月広島に集まるG7指導者におくる日本市民の宣言」の賛同者には、

上野千鶴子、姜尚中、小森陽一、和田春樹らの東大名誉教授に加え、伊勢崎賢治（東京外大名誉教授）、内田樹（神戸女学院大名誉教授）、金平茂紀（ジャーナリスト）、高村薫（作家）、田中優子（前法政大総長）、田原総一朗（ジャーナリスト）、吉岡忍（元日本ペンクラブ代表）ら、メディア御用達の面々が並ぶ。

失礼ながら、現状を「代理戦争」とみなす認識からして、おかしい。反米保守陣営から左派リベラル陣営まで、いまや俗悪な陰謀論が論壇を覆いつくしている。

ウクライナの「停戦」が、なにをもたらすのか。彼らはそれも想像できない。しかも、それを、モスクワでも、キーウでもなく、広島で訴える？……。典型的なパシフィズム（反戦反軍反核絶対平和主義）に染まっている。

この連中にはさすがに、ついていけない。きっと朝日新聞ですら、そう感じたのであろう。記事でこう報じた。

《記者会見では、ウクライナで現地取材した記者らから「現状での停戦はプーチン政権による侵略と占領の固定化につながりかねない」「ロシア寄りの提案ではないか」などと批判的な質問も出た》（同日配信デジタル記事・北野隆一編集委員）

こうした現役記者の声は、オールド・パシフィストらの耳に届いたのであろうか。念のため、国際政治学者のブログ記事も借りよう。

《ロシア・ウクライナ戦争の「停戦」を、なぜかG7広島サミットに集まる首脳たちに訴える、とする高齢者グループが記者会見を開いた。単に政府関係者や気に入らない言論人に対してマウントをとりたい、という気持ちだけが伝わる文書だ。内容に見るものはない》（篠田英朗《ロシア・ウクライナ戦争「停戦」マウントをとる高齢者への疑問「広島は降伏の町なのか？」》）

いったん、時計の針を戻そう。

一九八二年一月、「核戦争の危機を訴える文学者の声明」が公表された。なかで、こう訴えた。

《核兵器による限定戦争などはありえないのです。核兵器がひとたび使用されれば、それはただちにエスカレートして全面核戦争に発展し、全世界を破滅せしめるにいたることはあまりにも明らかです》

ここでは、ロバーツ著『正しい核戦略とは何か』を監訳した専門家の発言を借りよう。

《逆に現在は、核兵器を使っても全面核戦争に至らないかもしれない、人類が滅びないかもしれない、だから核を使う国が出てくるかもしれない、という危険があります。核が使われるかもしれない「核の影（ニュークリア・シャドウ）」がチラつく状況下で行われる通常戦争をいかに抑止するか、あるいはいかに戦うかということが求められていて、まさにウクライ

ナ戦争はその例の一つなのです》（多田将(しょう)著『核兵器入門』星海社新書所収の対談から村野将(まさし)の発言）

一九八一年末、右声明への「署名についてのお願い」が配送された。そこでは、こう書かれていた。

《世界最初で唯一の悲惨な被爆体験を持つ私たちは、いまこそ核戦争の惨状を全世界に訴え、日本政府および東西の核大国に対して、日本の非核三原則を厳守してこれを全世界に拡大し、核兵器の全廃のための措置をとるように文学者として主張すべきではないかと存じます》。

❖四〇年前の「反核」異論と坂本龍一

当時これに対し、ひとり敢然と「反対」を唱えた左派の知識人がいた。その名は吉本隆明。「長きにわたって日本の論壇をリードした」思想家である（ウィキペディア）。

当時、吉本は「反対」した理由を、こう明かした（『「反核」異論』深夜叢書）。

《反核運動の本質がどう成立できるのかは、すでにはっきりしている。現在、世界で核戦争をやる可能性と能力をもった米ソ両国へのはっきりした抗議運動としてしか成り立ちようがないのだ。だが既成左翼の反核論議はすべて途方もない出鱈目を並べたてていることがわかる。ちなみにかれらはほとんど一様に反核は「反原発・反安保（反米）」とこみでなくてはいけないと主張している。（中略）こういう馬鹿なことをいう連中を、左翼だなどと甘やかしておく手はない。（中略）

既成左翼の頭脳を占めた思考の回路は、西ドイツ作家同盟や大江健三郎など、わが国の反核文学者と本質的にすこしもかわらないものだ。つまり安保により、軍事基地や軍事補給地を米国に提供し、そこに米国が軍事施設や核兵器を持ち込んだりするから、ソ連の核ミサイルの攻撃をうける。米国さえのいてくれたら、とばっちりを受けずにすむ。だから反安保は反核とセットでなければならぬというものだ。》

右の「米ソ」を「米ロ」に、「ソ連」を「ロシア」（や中国）と読み替えれば、吉本の鋭い批判は、今でも新鮮に映る。こうも述べた。

《（前略）正統な旧派の教養主義、旧態の進歩主義、左翼主義、道徳主義の危機意識は、保守的な反撥の吐け口を反核に見つけだしていった。「朝日」「岩波」および翼賛「毎日」の反核論調は、このいちばん象徴的なあらわれであった。そこには開明さをしめすひとかけらの閃光もなかった。被害感、被虐、終末感の宗教的な強調、暗い不具な論理の宣伝がマスコミの世界を覆いつくしていった》

……こう書かれた当時から四〇年以上が過ぎた。にもかかわらず、いま読み返しても、胸がすく。吉本が指弾した「朝日」「岩波」および翼賛「毎日」の反核論調は、残念ながら、昔も今も変わらない。

ちなみに、吉本の鋭い「既成左翼の反核論議」批判は、本章冒頭の賛同者らにも当てはまる。まさに「旧態の進歩主義、左翼主義」。そこには開明さを示す一欠片の閃光もない。「被害感、被虐、終末感の宗教的な強調、暗い不具な論理の宣伝」が覆いつくしている……。

もう一つ、最近の例を挙げよう。坂本龍一（音楽家）の死去を受けた四月六日付「朝日新聞」は、「坂本さん逝く　当たり前にしゃべろう」と題した社説を掲げ、こう述べた。

《日本の言論空間において果たした役割も記憶したい。（中略）

米国に移住後の２００１年、同時多発テロの現場を目の当たりにし、報復は憎悪を生むだけだと「非戦」を訴えた。２０１１年の東日本大震災では、原発事故がもたらす脅威と向き合い、生命を最優先で守ろうと呼びかけた。

２０２０年に核兵器禁止条約の発効が決まると「歴史的快挙」と支持し、唯一の戦争被爆国・日本の政府が参画しないことに「情けなさと憤り」を表明した。（中略）

坂本さんは、危機に気づいて知らせる「炭鉱のカナリア」であろうとした。ほぼ時を同じくして逝った作家・大江健三郎さんも重視していた、「社会を憂慮し、各自の専門から踏み出して、思考し協働する『アマチュアとしての知識人』」の生き方を体現した面もある。》

……こう書いた朝日論説委員の頭の中では、音楽家も「知識人」らしい。いや、正確には「アマチュアとしての知識人」か……。どちらにしても、意味不明である。

見てのとおり、音楽家ではなく「知識人」としての顔に光を当てながら、アマチュアならぬプロの知識人（吉本）に厳しく指弾された大江健三郎（作家）と並べて礼賛している。

しかも、評価したポイントが、反戦、反原発、反核ときた。きっと朝日論説委員にとっては、朝日綱領が掲げる「進歩的精神」を持った論者だけが「知識人」なのであろう。なんとも浅い。

ちなみに、坂本龍一には『音楽機械論――ELECTRONIC DIONYSOS』と題された吉本隆明との共著がある（トレヴィル・現在ちくま学芸文庫）。「そこでは音楽が作品として屹立していく様が丁寧に描かれ、同時にモードが変わりつつある文化の時勢を見極め、未来を予測する先見的な対話が紡がれた。既成概念が壊され、技術革新による新時代到来を予見できた時代の、出色のドキュメント」である（筑摩書房）。

もし、私が（航空自衛隊ではなく）朝日新聞に入社し、論説委員となっていたなら、坂本龍一を大江健三郎と並べて称賛するのではなく、大江を指弾した吉本との右共著や、坂本の自伝『音楽は自由にする』（新潮社）から、印象的な発言を抜き出し、論評したはずである。おそらく坂本にとっても、「すごいなと思って」読んでいた吉本が厳しく指弾した大江と並べられるのは、本意であるまい。

ちなみに朝日新聞は、大江健三郎の死去に際しても、三月十五日付朝刊のコラム「天声人語」（大江健三郎さん逝く）でこう礼賛した。

《米軍基地問題などについて発言を続けた▼沖縄にとどまらない。憲法、原発、反核……。戦後を代表する文学者は、同時に、行動する知識人でもあった。88歳での訃報に接し、存在感の大きさを改めてかみしめている》

当然のごとく、かつて大江が「ぼくは、防衛大学生（ママ）をぼくらの世代の若い日本人の一つの弱み、一つの恥辱だと思っている。そして、ぼくは、防衛大学（ママ）の志願者がすっかりなくなる方向へ働きかけたいと考えている」と明記したり（昭和三十三年六月二十五日付「毎日新聞」夕刊）、北朝鮮を手放しで礼賛したりしてきた（たとえば『厳粛な綱渡り』文藝春秋）経緯には沈黙した。以て瞑すべし。

❖政府が夢想する「核兵器のない世界」

話を戻そう。前述した「今こそ停戦を」云々の記者会見が開かれた四月五日、「核兵器のない世界」への具体的な道筋について議論する「国際賢人会議」の第二回会合が閉会した。

この会合には、海外出張中の林芳正・外務大臣が「核軍縮をめぐる状況も一層厳しさを増しているが、このような中だからこそ歩みを止めてはならない」と語るビデオメッセージを寄せ、広島サミットで「核兵器のない世界」の実現に向けた力強いメッセージを発信したいという考えを示した。

岸田文雄・総理大臣も同月四日午後、総理大臣官邸で「国際賢人会議」の出席者らと面会し、「いよいよG7広島サミットが来月に迫った。核兵器のない世界に向けて力強いメッセージを発出したい」と述べた。

こうした「核兵器のない世界」を目指す岸田内閣の姿勢には、良くも悪くもブレがない。一例を挙げよう。岸田総理には、『核兵器のない世界へ　勇気ある平和国家の志』（日経BP）と題した自著があり、こう述べている。

《「核兵器を世界から全て無くす」という戦いにおいて、人類がいつの日か、力を一つに合わせていくことができないはずはない、と私は信じています。そして、広島・長崎の悲劇を人類が二度と繰り返さないための戦い、言い換えれば「核兵器のない世界」を目指す試みは、そうすることによって初めて勝機が見えてくるのではないのでしょうか》

《分断から協調へ。／核兵器のない世界をめざすために、私も微力ですが、国際社会にこの流れを作るため、自分の残りの人生をかけて、取り組んでいきたいと思います》

「人類がいつの日か、力を一つに合わせていくことができないはずはない」――まるで、ディズニーランドのような世界観ではないか。

同様に、『岸田ビジョン　分断から協調へ』（講談社＋α新書）と題した著者でも、こう述べている。

《広島出身者として、私がライフワークとしている「核軍縮」もまさに、この「分断から協調へ」、「対立から協力へ」が求められる分野です。「核なき世界」の実現のために政治人生を捧げたいと考えています》

《「核兵器なき世界」／私はこの理想を掲げつづけます。そのためには、四年七ヵ月の外相経験と、その間に培った人間関係をフルに生かしていきたいと考えています》

《核兵器は人間から何を奪うのか。核兵器の非人道性を語りつづけることが、広島出身の日本の政治家としての私の務めでもあります》

見てのとおり、「核兵器の非人道性を語りつづける」点において、失礼ながら、総理も左派連中も、さしたる違いはない。

前出の左派連中は論外として、岸田総理の認識にも違和感を覚える。たとえば『核兵器のない世界へ』（前掲）でこう述べた。

《二〇〇九年四月五日、チェコ・プラハ。市内にあるフラチャニ広場に詰めかけた二万人以

上の聴衆を前に、オバマは後世の史家にこれからも語り継がれるであろう、歴史的な演説に臨みました》

のちに、オバマ大統領（当時）の「ノーベル平和賞」受賞につながった有名な「プラハ演説」である。ここでは、岸田前掲著が書いたことではなく、書かなかった事実に注目したい。

同じ二〇〇九年四月五日、北朝鮮が「人工衛星」と称し、事実上の長距離弾道ミサイル「テポドン2」の改良型を発射した。「テポドン2」は東北地方の上空を横切り、太平洋上に「飛翔」した（当時、防衛省は「飛翔体」と呼称）。これが、自衛隊に「破壊措置命令」が発令された初のケースである。

余談ながら、このとき北朝鮮「メディア」は「人工衛星」から470メガヘルツで「金日成将軍の歌」などを地球に送信したと「報道」したが、日本政府は確認していない。当時、知人が北朝鮮当局に確認を求めたところ、「将軍様の歌は、心のきれいな人にしか聞こえない」と真顔で返答したらしい。まさに〝裸の王様〟である。

❖理想は語るが、現実は見ない

問題は、前掲岸田本がオバマ大統領の「プラハ演説」を称賛しながらも、右の重大な経緯をスルーした点にある。いまだに日本政府も、NHK以下マスコミも分かっていないが、「プラハ演説」と「テポドン2」（改良型）発射が重なったのは、偶然ではない。北朝鮮があえて「プラハ演説」の朝に発射した。少なくとも米当局（や私）はそう考えてきた。だから私は二〇一七年七月四日（米独立記念日）の北朝鮮ICBM発射を事前に日付まで予測できた（拙著『安全保障は感情で動く』文春新書ほか）。

この日だけではない。北朝鮮は核実験や弾道ミサイル発射を、アメリカ合衆国の祝祭日や大統領の演説日に合わせて実施してきたが、NHKはそのたび「北朝鮮は自国（北朝鮮）の重要な記念日の前後に実施してきました」との「報道」を繰り返してきた。

北朝鮮自身にではなく、アメリカ合衆国にとって重要な日付に合わせて実施してきた。私は何度もそう指摘したが、惠谷治（軍事ジャーナリスト）以外みな聞く耳を持たなかった。

改めて指弾する。前掲岸田本は「プラハ演説」を称賛しながら、同日の「テポドン2」（改良型）発射をスルーした。高邁な理想を語りながらも、冷厳な現実は見えていない。結局そういうことではないのか。

もう一例挙げよう。『岸田ビジョン』（前出）は「核兵器の非人道性を語りつづける」と宣言するが、もし、総理が本気なら、日本国は〝核の傘〟（米国が提供する拡大抑止）に入るべきではない。

最低でも、「持ち込ませず」とする非核三原則はただちに見直す必要がある。最終的な安全保障を同盟国（かつ日本に原爆を投下した国）の「非人道性」に依存しながら、自らはけっして手を汚そうとしない。なんと卑怯な態度なのか。

さらに言えば、しょせん非核三原則など「虚構」にすぎない。事実「持ち込ませず」と言いながら、下記のとおり「暗黙の了解」を米側に与えていた。

《最終的な妥協案として、日本は「事前協議がない限り、米国は核兵器を日本に持ち込んでいない」という独自の「虚構」を創り上げ、その上で「暗黙の了解」を米側に与えていた、というのが今では日米関係に詳しい両国の専門家の間では通説となっています》

こう自著に書いたのは、他ならぬ岸田総理自身である（前出『核兵器のない世界へ』）。

政府だけではない。全国の自治体が「反核平和都市」などと称して恥じるところがない。一例として（私が暮らす）「藤沢市核兵器廃絶平和都市宣言」を挙げよう。

《わが国は世界で唯一の核被爆国であり、核兵器廃絶と恒久平和の実現は全国民共通の願いである。／しかし、すでに地球上には多くの核兵器が貯えられ、人類の生存に深刻な脅威を与えている。／藤沢市は、日本国憲法の精神に基づく国の平和と安全こそが、地方自治の根本的条件であることにかんがみ、非核三原則が完全に実施されることを願い、核兵器の廃絶と軍縮を全世界に訴え、この人類共通の大義に向かって不断の努力を続ける核兵器廃絶の平

和都市であることを宣言する》

なんと空疎な「宣言」なのか。こう市が「宣言」すれば、右が実現されるのか。勝手に「核兵器廃絶」を「全国民共通の願い」、「人類共通の大義」と決めつけているが、本当にそうか。そうは思わない私は市民でも、国民でもなく、人類ですらないということか。

もう一度、吉本の批判を借りよう。

まさに「旧態の進歩主義、左翼主義」……。そこには開明さを示す一欠片の閃光もない。「被害感、被虐、終末感の宗教的な強調、暗い不具な論理の宣伝」が、いまも日本中を覆いつくしている。

❖ NHKが奏でる「反核」狂騒曲

G7広島サミット開幕前夜の今年5月18日に放送されたNHK「ニュース7」は案の定、このニュース一色となった。なかで《〝核廃絶へ成果を〟被爆者の願い》と題したコーナーを組み、「6歳で被爆」した高齢女性（田中稔子さん）に、こう語らせた。

「核はね、ある意味で戦争をおさめるとか、抑止力になるとか言ってますけど、嘘だとわかりましたね。核も使われるかもしれない（以下略）」

見てのとおり、核抑止力を全否定している。もしＮＨＫが放送法を遵守するなら、米国による拡大抑止（核の傘）の意義を説く論者にもコメントさせるなど、「意見が対立している問題については、できるだけ多くの角度から論点を明らかにすること」（４条）が求められるが、残念ながら、そうした論者の出番はなかった。

もし私が担当ディレクターなら、たとえば、以下の論者を起用したであろう。

《６日の「原爆の日」、広島市の松井一実市長は平和記念式典で「核抑止論は破綻している」と訴えたが、ウクライナ戦争で核抑止論は逆に立証されていると言える。（中略）要するに核抑止論は破綻していない。却ってウクライナ戦争により立証されていると認識すべきだ。》（太田文雄（元防衛庁情報本部長）「核抑止論は破綻せずウクライナで立証された」・2023.08.07 国基研ろんだん）

加えて、私なら、広島入りしたバイデン米大統領に随行していた米海軍士官が、いわゆる「核のボタン」を平和記念公園に持ち込んだ事実を映像で報じたであろう。

ＮＨＫはさらに、同夜の「ニュースウオッチ９」でも、《広島発〝核廃絶のメッセージ〟》と題したコーナーで、「ＩＣＡＮ（核兵器国際キャンペーン）国際運営委員　川崎哲（あきら）さん」に、こう語らせた。

「戦争が続きですね、核の脅威が広がっているなかで、ここ広島から平和の大切さを訴えるという意義があると思いますし、またG7というのは、核兵器を持っている国と、その傘の下にある国々との集まりなんですね（以下略）」

加えて、大学生らに《広島発〝核廃絶のメッセージ〟》を語らせたのち、再び、川崎を登場させ、なんと「日本」を含む各国の「軍拡」を批判させた。これでも、「政治的に公平であること」（4条）を求めた放送法を遵守していると言えるだろうか。

日本の周辺では、隣国ロシアが核の脅しを続け、北朝鮮や中国が核戦力を増強させている。いまG7で語られるべきは、本当に「核廃絶のメッセージ」なのだろうか。

さらに言えば、この番組が川崎を担ぐのは、これが初めてではない。平成三十年（二〇一八年）八月九日放送回でも、当時の有馬キャスターがこう導入した。

「核廃絶の機運をどう確かなものにしていくのか。ノーベル平和賞を受賞したICANの中心メンバーに話を聞きました」

登場した「国際運営委員　川崎哲さん」に有馬がこう質した。

「アメリカの核の傘に守られ、核兵器禁止条約に背を向けてきた日本。私たちに何ができるのか」「日本人一人ひとり、どうこの問題に関わっていくべきか。どう一歩を踏み出したらいいのか」

川崎委員いわく「できることはいっぱいある。いっぱいあるんです。一番簡単なことは、スマホで意思表明することだと思うんです」

一笑に付されるはずが、有馬キャスターは相槌をうち、うなずくだけ。調子に乗った川崎委員がこう続けた。

《だって、あの～、ＩＣＡＮがこれだけ広がったのは全部ソーシャルメディアですよ。テレビも新聞も、あまり世界中で取り上げてくれないんですよね。だから自分たちでＳＮＳを使って発信していったんです。動画を拡散して、それに「いいね！」を集めて。だから核兵器廃絶のキャンペーン動画でいいのがあったら、「いいね！」すりゃ、いいんですよ。「いいね！」して、友達に広げればいい。それがまず最初にできることなんですね》

万一そんなことで「核なき世界平和」が実現できるなら、国際政治学も安全保障学も、自衛隊も外務省も不要となろう。本来なら、幼稚な空想論と一笑に付されるはずが、なぜか有馬キャスターはうなずき、相槌をうち、「一人ひとりが行動すれば、国を動かすことも不可能ではない」と、ここでも川崎委員に調子を合わせた。

しかも、ＮＨＫはこの発言をテロップで文字化したあげく、「いいね！」の部分だけを、青く（青い文字で）強調。さらに以上のやり取りを切り取り、わざわざ番組公式サイトで公開した。異例の特別扱いに驚く。

その他、詳しくは拙著『ウクライナの教訓』に委ねるが、このように番組は川崎の独壇場と化した。９時22分から38分まで約16分間の時間を費やし延々放送した。最後に当時のキャスターがこう総括した。

桑子「核兵器禁止条約。発効はまだしてはいませんけれども、すでにその核兵器の廃絶という目標に向けて一つ大きな流れは生まれつつあるんですね」

有馬「世界にある核弾頭。推計で１万４千個あまりです。その核を廃絶するというのは途方もないことで無力感のようなものすら感じます。しかし今回、話を聞いて私たち一人ひとりにも、できることがあると、改めて感じました」

ちなみに、この日は長崎への原爆投下に加え、旧ソ連（ロシア）の対日参戦の日でもあったが、ＮＨＫは核兵器を保有するロシア（旧ソ連）や中国、北朝鮮ではなく、以上のとおり「核兵器禁止条約に背を向けてきた日本」を批判した。いったい、どういう神経なのか。

いずれにせよ、もう５年近くが過ぎた。もちろん「核兵器の廃絶」は実現していない。だが、きっと有馬キャスターの「無力感」は解消されたに違いない。なにしろ「私たち一人ひとりにも、できることがある」のだから……。

ＮＨＫの「反核」狂騒曲は、昔も今も、鳴り止むことを知らない。

❖核という共通言語を語ろう

前掲著『核兵器入門』（星海社新書）に話を戻そう。同書「序章　もしも東京に核兵器が落とされたら」は、北朝鮮による相次ぐ弾道ミサイル発射をはじめ、「戦後最も厳しく複雑な安全保障環境の下に置かれることになった」（国家安全保障戦略）いま、必読のシミュレーションとなっている。本書では以下、第4章「核兵器と国際政治　多田将×小泉悠×村野将」の鼎談（ていだん）から、小泉悠専任講師（東京大学）の発言を引こう。

《北朝鮮なんかは正直なのではないかと私は捉えています。彼らはできることの幅がそんなに大きくないので、かなり宣言政策と実際にやることの一致が大きいのではないでしょうか。つまり北朝鮮の場合は最小限抑止なんですね。（中略）例えばニューヨークに核弾頭が落ちて一〇〇万人死ぬとか、そういうレベルの損害を与える能力を持っていれば事実上抑止として機能するだろうという考え方があって、北朝鮮はそこを目指して非常に合理的に核戦力を作っていっているな、という印象を私は持っています。》

《もし北朝鮮がロシア的な核戦略思想をしっかり勉強したならば、日本の対米戦争協力をやめさせるために核で脅しをかけるというやり方も考えてくるんじゃないかと思います。》

《核攻撃が行われるかどうかは、地震とか台風とは違って、客観的にどうしようもないというものではありません。我々はやはり、核を使う相手に働きかけて核を使わせない努力はできるので、そこは決して無力感を持つべきではないと思います。》

そのうえで、こうも語る。

《我々人間は肉体という同じハードウェアの上で生きている、この肉体が滅びたらおしまいだという点で、誰しもが共通言語をもった存在だと思うんですよね。だから話し合えば分かるとは思わないけれど、殺したらみんな死ぬよね、という点では話が通じる、その意味で核戦略というのは、一番普遍的な共通言語という気もするんですよ。》

ややポレミックではあるが、鋭く本質を突いた指摘ではないだろうか。だとすれば、本章で指弾した人々は、「普遍的な共通言語」を解さない連中ということにもなろう。続けて、村野将研究員もこう語る。

《私の考えも基本的に小泉さんと同じで、冷戦が終わって以降、今回のウクライナ戦争が一番核使用の危険性が高まった戦争であることは間違いないです。ただ、核武装している国を相手にする以上は、常に核エスカレーションのリスクを考えて行動しなければいけない。さきほど話した「核の影」の話がまさにそれです。潜在的に日本に戦争をしかけてきそうな国、日本が直面しそうになる安全保障環境の上では、北朝鮮と中国はどちらも核武装国ですから、これらの国と対峙して彼らの脅しに屈しないようにする場合には、必然的に核エスカレーションのリスクを伴うわけです。

しかし、だからこそ我々も万が一の場合、日本に絶対に核を使わせないためであれば、核を使う覚悟と向き合わなければならないし、あるいは核兵器を使われたとしても我々の覚悟は変わらないんだという強い意志と、実際に立ち向かうだけの能力を持っていなければなりません。核抑止の世界というのは逆説的なところがあって、我々が覚悟を決めるほど、結果的に相手の核の脅しの信憑性が落ちることになり、核の脅威は遠ざかります。逆に、我々があまり関心を持たず無防備のままでいると、むしろそれは相手の思うつぼで、実際に核が使われなくても、「核の影」が伸びてくる中で、核の脅しに屈しやすくなってしまいます。》

果たして、G７サミットで議論すべきは、本当に「核兵器のない世界」（岸田総理）だったのか。先進国に暮らす私たちの「覚悟」が問われている。

第 8 章

宗教も軍事も不在 これでも国葬儀と呼べるのか

2022年9月27日、安倍晋三元首相の国葬が行われた日本武道館。左通路は遺骨を抱え到着した昭恵夫人ら(代表撮影)[写真提供:時事通信フォト]

❖バズった私のコメント「解散命令検討すべき」

昨2022年9月9日付「産経新聞」朝刊の「政治と宗教　距離に課題」と題した2面記事に下記のとおり、私のコメントが掲載された。

《宗教法人法は宗教法人の解散命令について規定しているが、適用されたのは深刻な刑事事件に関与したオウム真理教などに限られる。キリスト教徒で評論家の潮匡人氏は「宗教法人は税制上の優遇措置の対象だ。霊感商法に関与するような団体が法人格を失うことには決定的な意味がある」と指摘し、悪質なケースに対してはより柔軟に適用すべきだと主張する。(中略)冷静さを失っているのは政界だけではないとの指摘もある。高額献金や霊感商法などにとどまらず、旧統一教会側と自民の主張が似通っていることを〝断罪〟する向きもあるからだ。潮氏は「自民を支持する団体の見解が似ているのは当たり前だ。批評は大切だが、旧統一教会に操られているかのような陰謀論は控えるべきだ。『立憲主義』を重んじるならば、『内心の自由』を軽視してはならない」と警鐘を鳴らす。》

加えて、5面で、それぞれ「反社会的集団との関係でみるべき」(中北浩爾・一橋大教授)、「信仰でなく具体的行為を問題にすべき」(佐藤優・作家)と題された識者コメントと並んで、私の以下コメントも「解散命令　粛々と適用検討を」と題し、顔写真入りで掲載された。

「宗教法人は税制上の優遇措置の対象だ。霊感商法に関与するような団体が法人格を失うことには決定的な意味がある。オウム真理教は宗教法人法の解散命令で解散に追い込まれた。粛々と適用を検討すべきだ。一方、国会議員や秘書が特定の宗教に入信しているかを調べるといった、内心の自由に立ち入るようなことは、それこそ立憲主義を根底から揺るがす行為であり、絶対にやってはいけないことだ。また、憲法改正などをめぐる旧統一教会側と自民党との主張が似通っていることを〝断罪〟する向きもおかしい。見解が似ている部分もあるのは当たり前だ。批評は大切だが、旧統一教会に操られているかのような陰謀論は控えるべきだ。『立憲主義』を重んじるならば、内心の自由や言論の自由を軽視してはならない」

なかでも私のコメントは「解散命令検討すべき」との見出しで、Yahoo や docomo のサイトでも拡散され、非難と共感の双方を招いた（バズった）。以下、若干の補足と蛇足を書く。

今回のケースが解散命令の要件を満たすか否かは、最終的に裁判所が判断すべきことであり（宗教法人法81条）、予断は控えるが、「検討すべき」との拙論自体が「暴論」とは思わない。

日本を代表する（リベラル護憲派の）憲法学者も「解散命令があっても、法人格を有しない宗教団体を存続させたり、新たに結成することが妨げられるわけではないから、厳格な要件のもとで行われる解散命令の制度は、違憲とは言えない」と東大の教科書に書いた（芦部（あしべ）信喜『憲法』岩波書店）。

大多数のネット民は、宗教団体と宗教法人の違いを理解していない。

解散命令は、「宗教団体に法律上の能力を与えることを目的」とし、「憲法で保障された信教の自由は、すべての国政において尊重されなければならない」（第1条）と明記した宗教法人法自身が、第81条で規定した制度である。

法律で明記された制度の適用の検討（の議論）すら許されないというのは、それこそ常軌を逸した「暴論」ではないだろうか。

一方で、国会議員に「一切の関係を断て」と迫りながら、他方で、「解散命令は暴論」と事実上の擁護論を展開するのは、まるで公正でない。

宗教法人としての問題については、全国紙でコメントした内容がネットでも拡散したので、これ以上は論じない。

では、宗教団体としての問題はどうか。なんであれ、その教義内容に立ち入り、特定宗教団体を揶揄誹謗するのは妥当でない。私はそう考える。そもそも「あらゆる宗教は（その信徒以外にとり）オカルトである」。かつて渡部昇一先生から、私はそう教わった。

もちろん「主は聖霊によりてやどり、処女マリヤより生れ、（中略）十字架につけられ、（中略）三日目に死人のうちよりよみがへり、天に昇り、全能の父なる神の右に坐したまへり」と信仰告白する日本基督教団（キリスト教）も例外でない。たとえ、荒唐無稽に思える教義であろうと、政治やメディアが軽々に扱うべきでない。

以上を前提とし、あくまで一般論としての蛇足ながら、一つの見分け方を紹介しよう。ちなみに以下の聖句も、かつて渡部先生から直接、教わったことである。

「偽預言者に注意しなさい。彼らは羊の衣を着てあなたがたのところに来るが、その内側は強欲な狼である。あなたがたは、その実で彼らを見分ける。茨からぶどうが、あざみからいちじくが採れるだろうか。すべて良い木は良い実を結び、悪い木は悪い実を結ぶ。良い木が悪い実を結ぶことはなく、また、悪い木が良い実を結ぶこともできない。良い実を結ばない木はみな、切り倒されて火に投げ込まれる。このように、あなたがたはその実で彼らを見分ける。」（「新約聖書」「マタイによる福音書」聖書協会共同訳）

もはや、これ以上の蛇足は要るまい。今後とも、解散命令に向けた手続きが粛々と進むことを望む。

❖あまりに、ひどい「朝日川柳」

本書では以下、昨年の国葬儀を振り返ってみたい。今年七月八日付朝日朝刊に、次の「朝日川柳　西木空人選」が掲載された。

「アベさんの漢字を少し忘れかけ（東京都 岩崎賢三）」

私の知る限り、安倍総理の名前をカタカナで書く連中に、まともな人間はいない。私は、右筆者と、だれより選者の人間性を疑う。

しかも、右選者には、〝前科〟がある。昨年七月十六日付朝日朝刊の「朝日川柳」が、安倍晋三元首相の国葬を題材にした以下の七作を掲載した。

「疑惑あった人が国葬そんな国

利用され迷惑してる「民主主義」

死してなお税金使う野辺送り

忖度はどこまで続く　あの世まで

国葬って国がお仕舞いっていうことか

動機聞きゃテロじゃ無かったらしいです

ああ怖いこうして歴史は作られる」

しかも、四番目の「忖度はどこまで続く　あの世まで」の冒頭には、「☆」マークが付いていた。各作者に加え、以上七作だけを集めた選者（西木空人）と、掲載した朝日新聞社編集幹部の感覚は、まともでない。

「あまりに、ひどい」（私の旧ツイート投稿）と感じたのは、私ひとりではなかったようだ。同様の声は、自民党や保守陣営に留まらず、一部の朝日読者層にまで及んだ。

この時点で素直に反省し、謝罪していれば、まだ許されたかもしれない。だが、そこは朝日新聞。四日後の七月二十日付朝刊に《安倍氏を悼む「国葬」に疑問と懸念》と題した社説を掲載。こう書き始めた。

《在任期間は憲政史上最長となったが、安倍元首相の業績には賛否両論がある。極めて異例の「国葬」という形式が、かえって社会の溝を広げ、政治指導者に対する冷静な評価を妨げはしないか。岸田首相のこれまでの説明からは、そんな危惧を抱かざるをえない。》

冒頭で「賛否両論がある」と書きながら、「悼む」ことなく、最後まで「危惧」や「疑問と懸念」だけを書き連ね、最後をこう締めた。

《弔意の強制はあってはならない。国葬が政権の評価を定めるものでもない。自由な論評を許さぬ風潮が生まれれば、それこそ民主主義の危機である。》

あえて右「川柳」を借りよう。
《利用され迷惑してる「民主主義」》
……皮肉や批判はここまでとし、以下、朝日新聞とは、まったく異なる理由から、国葬への危惧や懸念を述べる。

❖国葬の警護もできない自衛隊

「保守」陣営との無用な摩擦を避けるべく、結論から述べよう。国葬とするなら、その前に自衛隊法を改正すべし。そうできないなら、私は賛成できない。なぜなら、国葬となれば、世界中から各国元首や政治指導者など要人が多数、参列するからである。テロリストにとって格好の標的となろう。

なにしろ、重要な警護対象が、やすやす暗殺される国である。しかも、殺害現場となった奈良県の警察本部長（鬼塚友章）は、長野県警の警備第一課長や、警察庁の警備課警護室長などを歴任した要人警護のプロ中のプロ。そのお膝元で犯行は起きた。平和ボケが過ぎよう。

もし、これが〝普通の国〟なら、重装備の武装警官に加え、軍隊の兵士らが厳重な警備警護に就く。事実、海外で開催されるサミットや五輪は、開催国の軍隊も警護に当たる。そもそも、各国大使館は当該国の軍隊が警護している（日本を除く）。ロンドンサミットでは、会場付近に軍の対空兵器が配備された様子が、英ＢＢＣテレビで放送された。これぞ「見せる警備」だったが、それでもテロは防げなかった。

だからこそ万全を期し、陸海空自衛隊も警護に当たれるよう、自衛隊法を改正すべきだった……。

具体的には、警護出動を定めた自衛隊法第八十一条の二。同法により内閣総理大臣は「政治上その他の主義主張に基づき」、「重要な施設その他の物を破壊する行為が行われるおそれがあり、かつ、その被害を防止するため特別の必要があると認める場合」、自衛隊に「警護のため部隊等の出動を命ずることができる」が、その対象が、自衛隊の基地と在日米軍基地に限定されている（正確には「一　自衛隊の施設」と「二　日本国とアメリカ合衆国との間の相互協力及び安全保障条約第六条に基づく施設及び区域並びに日本国における合衆国軍隊の地位に関する協定第二条第一項の施設及び区域（同協定第二十五条の合同委員会において自衛隊の部隊等が警護を行うこととされたものに限る。）」）。

本来なら、憲法を改正し、自衛隊を名実ともの軍隊として警護に当たらせるべきだが、その時間はなかった。せめて上記制約を法改正し、自衛隊を活用すべきだったのではないか。

だが、政府は「その必要はない、警備警護こそ警察の役割」と考えた。過去、日本でのサミットや五輪でも、そうだった。彼らに聞く。対空兵器もなければ、対潜哨戒能力もない警察に「万全の警護」が務まるのか。そもそもマンパワーが足りるのか。

これほどの大失態（安倍暗殺）を晒しながら、なお、自衛隊を活用しようとしない日本政府……。もはや、平和ボケでは済まされない。

❖英国葬との大きな違い

やはり日本は〝普通の国〟ではない。昨年の「故安倍晋三国葬儀」を見て、そう感じた。わけても、英エリザベス女王陛下「国葬（state funeral）」との違いが際立った。前者も英語表記は同じ「state funeral」。後者を本物と呼ぶなら、前者は言わば〝名ばかり〟。そう自嘲気味に嘆きたくなるくらい、両者の違いは一目瞭然だった。

日英とも、同じ島国であり、どちらも同じ立憲君主国でありながら、なにゆえ、こうも違うのか。

誰の目にも映った歴然たる違いは、宗教色と軍事色の有無である。日本の「国葬儀」と違い、英国葬では両者が色濃く映った。

単に日英の違いではない。それは日本と、日本以外の〝普通の国〟との埋めがたい隔たりでもある。

英国葬は、王室と縁(ゆかり)の深い「ウェストミンスター寺院」で行われた。寺院と訳されるが、イングランド国教会(英国国教会)の教会である。

ここでは十一世紀以降、歴代の国王や女王の戴冠が行われてきた。ダイアナ元皇太子妃の葬儀や、ウィリアム王子の結婚式も行われた由緒ある教会である。女王とフィリップ殿下の結婚式や、女王の戴冠式も、ここで行われた。エリザベス女王を称える「女王の窓」と呼ばれるステンドグラスまであり、女王陛下との縁は深い。

他方、日本の国葬儀会場は、一九六四年の東京オリンピック柔道競技会場として建設された日本武道館。宗教色も軍事色もない。故人との縁も、なきに等しい。

英国葬当日は国民の休日とされたが、日本の国葬儀は、休日どころか、弔意表明を求める閣議了解すら見送られた。

戦前、国葬の法的根拠だった「国葬令」は「国民は喪に服す」と明記していたが今回、政府は「国民一般に喪に服することを求めるものではない」(官房長官)と説明。「国葬儀は国の名において、内閣葬は内閣の名において執り行う葬儀」とも説明したが、ならば、やはり〝名ばかり〟国葬ではないか。

「弔意の強制」などの批判に配慮した結果らしいが、英国葬との違いは、あまりに大きい。

去る十月六日、衆議院本会議で日本共産党の志位和夫委員長が「憲法が保障する思想や良心の自由を侵害する敬意と弔意の強制になることは明瞭だ」と糾弾した。

これに対し、岸田文雄総理は「地方公共団体や教育委員会などに対する弔意表明の協力の要請も行っておらず、強制であるとの指摘は当たらない」と答弁した。

❖弔意は強制できない

たしかに「弔意の強制」は憲法違反だが、それは憲法学上の議論に過ぎない。なぜなら「内心の自由が絶対的なもの」だからである（芦部信喜『憲法』岩波書店）。「絶対的」なのだから、侵しようがない。ゆえに「諸外国の憲法においては（中略）思想の自由を保障する例はほとんど見当たらない」（同前）。

護憲リベラルなら、それらしく「国家権力ごときが弔意の強制など愚かしいにも程がある。俺様の内心の自由を侵せると思ったら大間違いだ」と構えていればよい。

なのに、静かに献花する人々の弔意を平然と罵倒しながら、自分たちの「内心の自由」を振りかざし「弔意を強制するな」と叫ぶ。じつに身勝手な連中だ。

これまでは、どうだったか。

吉田茂元首相の〝国葬〟でも、政府は国民に黙禱などの弔意表明を要望し、学校や官公庁は可能な限り半休とするよう求めた。昭和天皇が崩御された際も、政府は閣議決定に基づき歌舞音曲を伴う行事を控えるよう求めた。内閣と自民党による首相経験者の合同葬でも、関係機関に弔意表明を求める閣議了解を行ってきた。

千葉県の熊谷俊人知事のSNS投稿を借りよう（九月一日）。

「中曾根元総理が亡くなられた際は内閣・自民党合同葬でしたが、その時は政府から自治体・学校に弔意表明の要請通知があり、各行政庁舎や公共施設、学校などで半旗掲揚や記帳台設置などが行われました。

国葬は内閣・自民党合同葬よりも一段上の対応となりますが、弔意表明についてはむしろ一段下（何段も下？）の対応となっていることに困惑しています」

覆水盆に返らず。腰が引けた政府の中途半端な対応により、日本は「国の名において」計り知れないものを失った。

なかでも、最大の覆水は、「無宗教形式で簡素・厳粛に行う」とされたことである。国葬儀の当日、フジテレビの情報番組「めざまし8」で、谷原章介MCがこう語った。

「政教分離という観点で、今回は武道館で行われる。宗教色を排除しなければいけないという日本の現状がありますけれども、直前にエリザベス女王の荘厳な、ウェストミンスター寺院で行われた、宗教的な背景がある中で行われた葬儀があった。あれはそれで素晴らしいものだったと、僕個人は思うんですよね」、「これから改めて今後、どういう風に国葬をやるのか。宗教色を排除してやるのか、もしくは送られる方の信条に沿ったものがいいのか。それを議論の中にいれてもいいかもしれません」。

もし今回「送られる方の信条に沿ったもの」なら、浄土宗となろう。だから、国葬儀に先立ち、浄土宗の七大本山の一つ「増上寺」で葬儀が行われた。だが、国葬儀で、浄土宗色は一切、排された。

❖浄土宗は排除、BGMは賛美歌

そもそも「無宗教形式」の意味が分からない。葬儀とは「死者を葬る儀式」(『新明解国語辞典　第六版』三省堂)であり、「葬」という字の一部が「死」であることからも明らかなように、葬儀は死と、切っても切れない。

なかには、宗教を「抑圧された生きものの嘆息であり(中略)民衆の阿片である」とみなす者もいるが(マルクス『ヘーゲル法哲学序説』岩波文庫)、真っ当な感覚の持ち主なら、葬儀こそ宗教の出番と考えるであろう。

当たり前だが、死後の世界を見た者はいない。死者を弔い、葬る葬儀において「神または何らかの超越的絶対者あるいは神聖なものに関する信仰・行事」（『広辞苑　第五版』岩波書店）たる宗教を排除すれば、どうなるか。「簡素」と言えば、聞こえは良いが、私は無味無臭、無色透明な印象しか持ち得なかった。

驚いたのは、海外の要人が献花を行う際、「アメイジング・グレイス」（Amazing Grace）がBGMで流れたことである。フジテレビの名ドラマ『白い巨塔』のエンディング・テーマとされたこともあり、日本でも馴染み深い曲だが、題名（素晴らしき神の恵み）が示すとおり、キリスト教の賛美歌（聖歌）である。

事実、日本基督教団（プロテスタント）が発行する『讃美歌・賛美歌第二編』の第一六七番に「われをもすくいし」の邦題で収録されている。

同様に、カトリック教会で用いられる『聖歌』（第229番「おどろくばかりの」）や、『聖歌（総合版）』（第196番「おどろくばかりの」）、英国国教会で用いられる『日本聖公会聖歌集』（第540番「やさしき息吹の」）などにも収録されている。

あくまでBGMなので「無宗教形式」という理屈なのだろうが、浄土宗の信者ならずとも、釈然としない。御遺族を含め、信者なら、なおさらではないだろうか。

よく「政教分離」というが、本来は政治と宗教の分離ではなく、政治と教会との分離を求める制度（的保障）である。もし、政治と宗教の分離を求めた原則だとすれば、英国葬は許されない暴挙となろう。

なぜなら、初めから終わりまで、キリスト教一色で行われたからである。その結果、当然のごとく「厳粛」かつ荘厳な国葬となった。

そもそも「国教会」なのだ。政教分離どころか、文字どおり国家と宗教が合体している。エリザベス女王は「イングランド国教会の最高首長」でもある（君塚直隆『エリザベス女王』中公新書）。前出の「送られる方の信条に沿ったもの」にしたとしても、当然ながら、イングランド国教会（キリスト教）一色となる。

❖聖歌の斉唱、聖書の朗読

以下、英国葬を、以上の観点から振り返ってみよう。

王室の旗「ロイヤル・スタンダード」が掛けられた女王の柩は、ウェストミンスター寺院の西門から入り、起立した参列者と、聖歌隊の歌に迎えられ寺院の中を進んだ。

はじめに、進行を務めるウェストミンスター寺院の首席司祭が「私達は女王を追悼し、女王の生涯にわたる無償の奉仕を記憶に留めるため、英連邦と世界各地から、この場所に集まった」と女王を称えた。内閣官房長官（葬儀副委員長）が「開式の辞」を述べ、なぜか民間放送の女子アナがマイク台に立った日本の「国葬儀」の無味乾燥な進行とは大違いである。首席司祭の式辞に続き、参列者一同は「地上の権力の儚さと、永遠の神の国を対比させた」聖歌を斉唱した（英ＢＢＣ）。国葬の間、聖歌隊や参列者らが何度も聖歌を歌い、繰り返し（三位一体の）神に祈りを捧げた。もちろん「主の祈り」（The Lord's Prayer）も含めて……。

英国葬を同時中継したＮＨＫは、「主の祈り」をぎごちなく同時通訳したが、きっと大多数の日本人には、彼らが何をしているのか、まるで分からなかったに違いない。続けて、トラス英首相が、女王の柩近くに立ち、『新約聖書』を朗読した。ここでも、ぎごちない同時通訳の結果、大多数の日本人には、トラス首相が何を言っているのか分からなかったに違いない。

いくら英語力に秀でていようが、キリスト教の素養がなければ、英国葬の同時通訳など務まるはずがない。ＮＨＫは同時通訳するより、それが「ヨハネによる福音書」十四章の朗読だと伝えるべきだった。

《「心を騒がせるな。神を信じなさい。そして、わたしをも信じなさい。わたしの父の家には住む所がたくさんある。（中略）」（中略）イエスは言われた。「わたしは道であり、真理であり、命である。わたしを通らなければ、だれも父のもとに行くことができない。あなたがたがわたしを知っているなら、わたしの父をも知ることになる。今から、あなたがたは父を知る。いや、既に父を見ている。》（新共同訳）

このように、日本聖公会（イングランド国教会）も使用する新共同訳に依拠し、その出典とともに字幕で流すべきだった。

右の朗読に続けて、女王とフィリップ殿下の結婚式でも演奏された女王に縁の深い聖歌「主は羊飼い」が演奏され、英国国教会最高位のカンタベリー大主教が、「二十一歳の誕生日に『生涯、公務に身を捧げる』と宣言したのは知られています。これほどまで約束が守られたことは、ほとんどありません」と説教した。

正確を期して言えば、英国葬はイングランド国教会「一色」ではない。当日は（国教会ではない）カトリック教会のウェストミンスター大司教ヴィンセント・ニコルズ枢機卿を含む、さまざまな宗教指導者も祈りを捧げた。ユダヤ教やイスラム教、ヒンドゥー教等など、世界の宗教代表も招かれた。

天皇陛下や米大統領を含め、世界中から要人が参列したが、みな神の下では平等であり、敬虔であれと示した「厳粛」な国葬となった。

❖ 残念だった保守派の拍手

他方、日本の国葬儀はどうだったか。残念だったのは、保守派の文化人や自民党議員らが、当日の自撮り写真をSNS上にアップしたことである。彼ら彼女らは、自分の家族の葬儀でも同じことをするのだろうか。私には国葬儀を借りた宣伝にしか見えなかった。

「黙とう」の際も、自民党長老議員を含む一部参列者が目をキョロキョロさせた。司会が日本語だったことから、海外の一部要人も同様に振る舞っていた。日本語を解さない外国人ならともかく、招待された日本人参列者なのに、はしたない。

なるほど「友人代表」(菅義偉・元総理)による「追悼の辞」は静かな感動を呼んだ。私も心を動かされた。

ただ、それが終わるや、会場から拍手が起きたのには驚いた。彼らは自分の家族の葬儀でも同じことをするのだろうか。彼らにとっては、政治的な主義主張を叫ぶセレモニーだったのではないか。いずれにせよ、「追悼の辞」も含め、すべて日本語で行われ、日本人参列者にしか伝わらない国葬儀となった。

国葬儀を伝えた各局の報道にも違和感を覚えた。「安倍国葬を許さない」などと書かれたプラカートを掲げた反対集会の模様を同時中継する必要があっただろうか。「忖度饅頭」の映像を流した民放（日テレ）もあったが、どうかしている。

以下のとおり、元日本赤軍メンバーの暴挙を宣伝した「朝日新聞映画班」に至っては論外であろう。

《安倍元首相銃撃で逮捕された山上徹也容疑者をモデルにした映画が国葬に合わせて緊急上映されます。撮ったのは若松孝二監督の盟友、＃足立正生 監督。元日本赤軍で収監もされた足立監督ですが、山上容疑者は「テロリストではない」と。思いを伺いました。#Revolution+1》

……もはや英国葬と比べるまでもない。こんな環境で、国葬儀が「厳粛」となるはずがない。

❖ 戦後日本が失ったもの

宗教色に加え、「簡素」な日本の国葬儀には欠けていたもの。それは軍事色である。この観点から、今一度、英国葬を振り返ってみよう。

女王の柩は宮殿から、海軍の砲車に載せられ、ウェストミンスター寺院へ運ばれた。柩の後ろには、勲章を提げた軍礼服姿の新国王チャールズ三世やウィリアム皇太子ら王族が徒歩で付き添った。

英王室では、公務に就き、軍の階級を持つ王族だけが軍服着用を許されている。公務に就いていないヘンリー王子とアンドルー王子はモーニングを着用したが、国葬に先立つ（日本の通夜に近い）追悼儀式では「特別な敬意を表すため」軍服の着用が許された。

そのヘンリー王子も、サンドハースト王立陸軍士官学校を経て、一〇年間にわたり陸軍に勤務し、自ら志願し、アフガニスタンの最前線に派遣され、タリバン掃討作戦に参加。敵兵を空対地ミサイルで殺害した軍務経験も持つ（陸軍大尉）。

同様に、一九八二年のフォークランド紛争では、アンドルー王子（現ヨーク公爵）が海軍の対潜ヘリ副操縦士として参戦し、最前線で最も危険な任務に就いた。

他方、日本の国葬儀では、皇族各殿下を含め、みな（軍服でも和服ですらなく）洋服を着用した。日本の国葬儀なのに、陛下の御参列もなく、勅使・皇后宮使、上皇使・上皇后宮使が拝礼するに留まった。

君主（天皇）が臣下の葬儀に参列しないのは当然との理屈はわからないでもないが、直前の英国葬には参列された経緯もあり、釈然としない気持ちが残った。

しかも勅使・皇后宮使、上皇使・上皇后宮使がみな洋服を着用していた。日本の国葬儀なのに、日本らしさを感じる場面はなかった。日本語で司会されたこともあり、海外の参列者は洋服姿の勅使らの役割を理解できなかったはずだ。

他方、英国葬の葬列は、王立空軍とグルカ旅団に所属するスコットランド連隊およびアイルランド連隊のバグパイプやドラムの演奏に先導された。道中を、王立海軍と王立海兵隊が警護し、議会前広場には陸軍の儀仗兵が、王立海兵隊の軍楽隊に伴われ立った。

葬儀の後半、軍葬ラッパが吹かれ、黙とうが捧げられ、国歌斉唱で締めくくられた。葬儀の後、女王の柩がウェリントン・アーチへ向かう道中も、軍と警察が警護。葬列は王立カナダ騎馬警察が先導し、英連邦の各軍や警察の職員も加わった。

自衛隊が警護しなかった日本の国葬儀とは大違いである。

女王陛下は一五歳で「近衛歩兵第一連隊の連隊長」に任じられた。大戦中の一九四五年二月には、イギリス陸軍の女性部隊に入隊し、准大尉となった（君塚前掲著）。結婚相手の殿下も海軍大尉（当時）。皇室と違い、英王室は軍事色が濃い。

なにしろ空軍も海軍も「王立」（Royal）であり、名実とも「女王陛下の軍隊」である（拙著『誰も知らない憲法9条』新潮新書）。

本書は日本の国葬儀を貶めようとするものではない。ただ、直前の英国葬の印象が強く、私には以上の感想が残った。

もし、読者を含め、大多数の日本人が、私と同じ違和感を覚えなかったのなら、それは今もこの国を、反軍平和主義（パシフィズム）が覆っているからであろう。会場で拍手するなど、論外である。

今さら書いても仕方がないが、良くも悪くも、政府は国葬儀と決めたのだ。先立って行われた英国葬を見習い、世界標準の国葬とすべきだったのではないか。

戦後日本は何を失ったのか。残念ながら、日本の名ばかり国葬儀は「国の名において」それを示す式典となった。

あとがき　失われた垂直軸

❖保守派が見失った垂直軸

最近とくに若い世代で「保守」を自認する日本人が増えてきた。ただ、同じ「保守」でも、論者によって、その主張は一様でない。ある者は、日米同盟の死活的重要性を語り、ある者は反米路線を掲げる。いわゆるLGBT法や防衛増税についても賛否が分かれる。保守VSリベラルの対立より激しい。

私も長く「似非保守」と罵倒されてきた。そう呼んだ連中はみな、自身こそ「真正保守」「愛国保守」などと称して恥じない。

オークショットの名著『政治における合理主義』（勁草書房）を借りよう。

「保守的であるとは、見知らぬものよりも慣れ親しんだものを好むこと、試みられたことのないものよりも試みられたものを、（中略）理想郷における至福よりも現在の笑いを、好むことである。（中略）保守的であるとは、自己のめぐりあわせに対して淡々としていること、自己の身に相応しく生きていくことであり、自分自身にも自分の環境にも存在しない一層高度な完璧さを、追求しようとはしないことである」。

なんであれ、声高に叫ぶなら、その姿勢自体が保守的でない。それこそ、リベラル進歩派の習性である。「進歩の理念は、その期待を死の上に置く。進歩は永遠の生ではなく、復活でもなく、未来による過去の永遠の破壊、後続の世代による先行の世代の永遠の抹殺である」「この進歩の理論および進歩の希望と直接に関係しているのが地上楽園のユートピア、地上の至福のユートピアである」（ベルジャーエフ『歴史の意味』白水社）。

保守を任じるなら、けっしてユートピアを構想してはならない。

保守思想は垂直軸を持つが、リベラル陣営は水平次元でしか生きられない。私は一貫して、そう主張してきた。垂直軸とは何か。あえて丸山眞男を借りよう（以下の太字強調は潮）。

《天皇は万世一系の皇統を承け、皇祖皇宗の遺訓によって統治する。欽定憲法は天皇の主体的製作ではなく、まさに「統治の洪範（こうはん）を紹述」したものとされる。かくて天皇も亦、無限の古にさかのぼる伝統の権威を背後に負っているのである。（中略）天皇を中心とし、それからのさまざまの距離に於て万民が翼賛するという事態を一つの同心円で表現するならば、その中心は点ではなくして実はこれを**垂直に貫く一つの縦軸**にほかならぬ。そうして中心からの価値の無限の流出は、縦軸の無限性（天壌無窮の皇運）によって担保されているのである。》（「超国家主義の論理と心理」）

評価はさておき、少なくとも太字で強調した表現は言い得て妙である。私の「垂直軸」という表現も丸山眞男に倣った。

垂直軸は「無限の古にさかのぼる」歴史伝統という大地にしっかり根を張る大樹である。だから苦難に耐え、倒れることを知らない。四方に伸びた枝には豊かな葉が生い茂る。希望に向かって、永遠に伸びていく。そう信じて、ともに耐え、それぞれの場で練達するのが、正統的かつ保守的な姿勢ではないだろうか。

福田恆存は「私の保守主義観」と題した文章を、こう書き出した。

《私の生き方ないし考へ方の根本は保守的であるが、自分を保守主義者とは考へない。革新派が改革主義を掲げるやうには、保守派は保守主義を奉じるべきではないと思ふからだ。私の言ひたいことはそれに尽きる。》

そのうえで、こう書いた。

《保守的な態度といふものはあつても、保守主義などといふものはありえないことを言ひたいのだ。保守派はその態度によつて人を納得させるべきであつて、イデオロギーによつて承服させるべきではないし、またそんなことは出来ぬはずである。》

そして最後をこう締めた。

《保守派は無智といはれようと、頑迷といはれようと、まづ素直で正直であればよい。知識階級の人気をとらうなどといふ知的虚栄心などは棄てるべきだ。常識に随ひ、素手で行つて、それで倒れたなら、そのときは万事を革新派にゆづればよいではないか。》

私も、そうした思いを込めて、今年六月十六日に可決成立した「LGBT法」への疑問を、ほぼ以下のとおり、「産経新聞」(今年六月十八日付朝刊)に寄稿した。「保守」派の議員諸侯を念頭において。

❖「あなたは、この結婚が神の御旨によるものと信じますか」

日本のドラマが描く教会の結婚式では、よく司式者(神父や牧師)が新郎新婦にこう問う。

「幸いな時も災いの時も、豊かな時も貧しい時も、健やかなる時も病む時も、互いに愛し、互いに助け合って、生涯を送ることを誓いますか」

他方、ドラマの中ではなく、〝本物〟の教会なら、ふつう、右の直前に、こう問う。

「あなたは、この結婚が神の御旨(みむね)によるものと信じますか」

そう信じるから、どんなときも「互いに愛し、互いに助け合って、生涯を送る」と神と会衆の前で誓約できる。とはいえ、教会のなかは、いざ知らず、一歩、外に出れば、誓いが守られる保証などない。ならばイエス（キリスト）は離縁（離婚）についてどう教えたか。聖書にはっきり書かれている。

《ファリサイ派の人々が近寄り、イエスを試そうとして、「何か理由があれば、夫が妻を離縁することは、律法に適って（かな）いるでしょうか」と言った。イエスはお答えになった。「あなたたちは読んだことがないのか。創造主は初めから人を男と女とにお造りになった。」そして、こうも言われた。「それゆえ、人は父母を離れてその妻と結ばれ、二人は一体となる。だから、二人はもはや別々ではなく、一体である。従って、神が結び合わせてくださったものを、人は離してはならない。」》（『聖書』新共同訳）

〝本物〟の教会なら、ふつう神父や牧師がこの一節を朗読する。実際、私たち夫婦の結婚式でもそうだった。

神を信じていなくとも、キリスト教形式の結婚式をあげるカップルは多い。だが、ドラマのごとく、誰も「神が結び合わせてくださった」と信じていない結婚なら、教会で式を挙げ、「互いに愛し、互いに助け合って、生涯を送る」と誓約しても、しょせん2人の口約束。たとえ破られても、責めようがない。

いや、責められるどころか、白昼堂々と「非婚」を勧め、「次々と恋人を替えていく。そんな素敵な愛の環境を」と語る男性教授や、「したいときに、したい相手と、セックスする自由を」と説く女性教授らがマスコミの寵児となってきたではないか。じつに嘆かわしい。

❖短い首でもキリンの絵？

著名な英作家チェスタトンが生きていた百年前も、伝統的な一夫一婦制を貶めるリベラル思想が跋扈していた。保守思想家でもあるチェスタトンは当時、こう嘆いた。

「私は同じ世代の若者がよく洩らした一夫一婦制反対の声にはどうしても共鳴することができかねた。（中略）一度しか結婚できぬと不平を言うのは、一度しか生まれられぬと不平を言うのと同じことだった」

こう書かれた名著『正統とは何か』は冒頭、以下のように始まる。

「こんな書物を書かねばならぬ理由はどこにあるのか。答えはただ一つ、挑戦を受けたからというにつきる」

百年後の現代日本で、私が「日本を惑わすリベラル教徒たち」（拙著のタイトル）を批判してきた理由も同じ。彼らの「挑戦を受けたから」である。

それが最近では、いわゆるＬＧＢＴ法として国会で議論され、先日成立した。

人が男か女かは、客観的に体で判断されるのではなく、当人の認識つまり「性自認」を尊重すべきだという。

国会で成立した法律では、以前の「法案」にあった用語「性自認」ではなく「ジェンダーアイデンティティ」という英語が使われていたが、意味は同じ。要は、性別は客観的ないし先天的な問題ではなく、主観的ないし後天的な認識（性自認）の問題だというのである。

私たちはみな、この時代、この国（または外国）に、男または女として生まれた。それは変えようがない。家庭環境を嘆く「親ガチャ」という流行語が示すとおり、私たちは、けっして親を選べない。

同じように、生まれる時代も、出生地も、性別も選べない。いわば、それは神の選びである。被造物に過ぎない我々は、それを受け入れるしかない。「神」という言葉が嫌なら、「人間には自分で選べないこともある」と言い換えてもよい。前掲チェスタトン著の言葉を借りよう。

「芸術とは限定である。絵の本質は額縁にある。キリンを描く時は、ぜひとも首を長く描かねばならぬ。もし勇気ある芸術家の特権を行使して、首の短いキリンを描くのは自由だと主張するならば、つまりはキリンを描く自由がないことを発見するだろう。（中略）その事物に本来そなわる法則からその事物を解放することは自由とは言いかねる。お望みとあらば、虎を檻（おり）から解放するのは自由であろう。しかし虎をその縞（しま）から解放するのは自由ではない」

芸術家がどんな絵を描くのも自由だが、その絵は額縁の枠の中に描かれなければなるまい。われわれはみな、「額縁」の中に生まれ、生きている。本来なら当たり前だが、「額縁」の存在を無視することはできない。

「芸術」同様、人生も「限定」されている。〝虎の縞〟のごとく、本質的な制限を受けている。「どれほど異様な制限があろうとも、われわれはすべからくその制限に謙虚に従わねばならぬ」（同前）。そう確信するのが正統的な保守思想である。

❖民主主義とは誰のものか

古い考えと言われるかもしれないが、古いからこそ、守るべき価値がある。

「伝統とは、民主主義を時間の軸にそって昔に押し広げたものにほかならぬではないか」

「伝統とは、あらゆる階級のうちもっとも陽(ひ)の目を見ぬ階級、われらが祖先に投票権を与えることを意味するのである。死者の民主主義なのだ。単にたまたま今生きて動いているというだけで、今の人間が投票権を独占するなどということは、生者の傲慢な寡頭政治以外の何物でもない」（同前）

もし、「祖先に投票権を与える」なら、前出の法律を推進した議員諸侯は、きっと落選する。いったい誰のため、何のための法律なのだろうか。私には、いまだに分からない。

人間は人間らしく生きるべきだ。今一度、『ハムレット』（シェイクスピア）の台詞（せりふ）を借りよう。

「寝て食うだけ、生涯それしか仕事がないとなったら、人間とは一体なんだ？　畜生とどこが違う。神から授かったこの窮まりない理性の力。」（福田恆存（つねあり）訳）

いくら「吾輩は猫である」と主張しても、人間は猫に変身できない。人間に生まれた以上、人間らしく生きなければならない。日本人は日本人らしく、男は男らしく、女は女らしく生きるべきだ。そうした「限定」の中でも、いかに自分らしく生きるかを問うのが自由である。私はそう信じる。

今年九月五日付「朝日新聞」朝刊に、「らしさから解放されたい」と題した「オピニオン」が掲載された。なるほど、「進歩的精神」（朝日綱領）を掲げて恥じないリベラル進歩派「らしい」ご意見である。

いずれにせよ、人間には選ぶことができない「額縁」を取り換えようとするのは、リベラル思想の傲慢不遜である。正統的な保守思想から最も遠い。なぜ、保守を標榜（ひょうぼう）する議員諸侯までがＬＧＢＴ法に賛成したのか、まるで理解できない。

❖「冷静を求める祈り」を

本書では、小林秀雄も借りよう。

小林はまず、「知人からこんな話を聞いた。ある人が、京都の嵯峨で月見の宴をした」と書き出し、「この席に、たまたまスイスから来た客人が幾人かいた。彼等は驚いたのである。彼等には、一変したと見える一座の雰囲気が、どうしても理解出来なかった」と「お月見」の様子を描きながら、こう書いた。

《この日本人同士でなければ、容易に通じ難い、自然の感じ方のニュアンスは、在来の日本の文化の姿に、注意すればどこにでも感じられる。（中略）意識的なものの考え方が変っても、意識出来ぬものの感じ方は容易には変らない。いってしまえば簡単な事のようだが、年齢を重ねてみて、私には、やっとその事が合点出来たように思う。新しい考え方を学べば、古い考え方は侮蔑出来る、古い感じ方を侮蔑すれば、新しい感じ方が得られる、それは無理な事だ、感傷的な考えだ、とやっとはっきり合点出来た。何んの事はない、私たちに、自分たちの感受性の質を変える自由のないのは、皮膚の色を変える自由がないのとよく似たところがあると合点するのに、随分手間がかかった事になる。妙な事だ。（中略）お月見の晩に、伝統的な月の感じ方が、何処からともなく、ひょいと顔を出す。取るに足らぬ事ではない、私たちが確実に身体でつかんでいる文化とはそういうものだ。》(「お月見」)

右の「そういうもの」こそ、私がいう「垂直軸」である。

最後に、欧米では有名なニーバーの「冷静を求める祈り」も掲げよう。

〈神よ、変えることのできないものを受けいれる冷静さをわれらに与えたまえ。変えることのできるものを変える勇気を与えたまえ。そして、その両者を識別する知恵を与えたまえ〉

われわれに必要なのは、こうした冷静さと、勇気と、知恵ではないだろうか。天を仰ぐ、祈りにも似た姿勢ではないだろうか。

間違っても、「知識階級の人気をとらうなどといふ知的虚栄心」(前出福田)ではあるまい。今年六月十六日の出来事(LGBT法成立)は、「保守」派議員らが見失ったものを、白日の下に晒す結果となった。

人間も国家も、ひとたび垂直軸を見失えば、もはや戦えない。「戦う覚悟」(前出麻生)など持ちようがない。なぜなら「人間が命をかけてでも守りたいものは何か」という根源的な問いに答えられないからだ。卑怯で卑屈な恥知らずと堕していく。

〝台湾有事〟は、その根源的な問いを、戦後日本に迫ることになろう。

一九九一年の湾岸戦争は、「なにもできない日本」を世界に見せつけた。当時刊行された石川好著『新堕落論　武装解除された日本人の思想的拠点』（徳間書店）のポレミック（論争的）な指摘を借りよう。

《武装者をこれほどこけにしている国からは、決して、倫理は生まれてこないだろう。平和とは、そのような非倫理の世界をいうんだよ。それが今日のニホンの姿さ。》

《人間が、それなしには生きられない倫理というものはたしかに武装者（支配者）が作ってきたんだ。だが、現代の日本には、真の武装者は存在しない。》（丸括弧内も引用）

現役自衛官だった私は、当時の光景を鮮明に思い出す。湾岸戦争と同じ過ちを、台湾有事で繰り返してはなるまい。

結局、パシフィズム（反戦反軍平和主義）は何も産まない。倫理も道徳も生まれない。なにより大切な垂直軸を見失う。それが「ウクライナの教訓」ではないだろうか。

我々は垂直軸を取り戻さなければならない。そうでなければ、今度こそ、日本が滅びる。残された時間は少ない。

装丁・泉沢光雄
カバー題字・藤井光砂

■著者プロフィール

潮 匡人（うしお　まさと）

昭和35年3月生。早稲田大学法学部卒。同大学院（法学研究科博士前期課程）修了。旧防衛庁・航空自衛隊に入隊。教育隊区隊長、航空団小隊長、飛行隊付幹部、航空総隊司令部幕僚、長官官房勤務等を経て、3等空佐で退官。聖学院大学専任講師、帝京大学准教授、国会議員政策担当秘書、拓殖大学客員教授、東海大学講師等を歴任。アゴラ研究所フェロー。公益財団法人「国家基本問題研究所」客員研究員。『安全保障は感情で動く』（文春新書）、『誰も知らない憲法9条』（新潮新書）ほか著書多数。『ウクライナの教訓』（扶桑社）は、尾崎行雄記念財団「咢堂ブックオブザイヤー2022大賞」（外交・安全保障部門）。英BBC、独ZDF、韓国KBSほか内外のメディアに出演多数。実写映画化された人気コミック『空母いぶき』（小学館）シリーズに協力中。

台湾有事の衝撃

そのとき、日本の「戦後」が終わる

発行日　2023年12月 8日　　第1版第1刷

著　者　潮　匡人

発行者　斉藤　和邦

発行所　株式会社　秀和システム

〒135-0016

東京都江東区東陽2-4-2　新宮ビル2F

Tel 03-6264-3105（販売） Fax 03-6264-3094

印刷所　三松堂印刷株式会社　　Printed in Japan

ISBN978-4-7980-7023-0 C0031